D1717506

Die gute Küche

Köstliche SALATE

Die besten Rezepte

Buch und Zeit Verlagsgesellschaft mbH · Köln

© 1996 Genehmigte Sonderausgabe
Alle Rechte vorbehalten. Nachdruck, auch auszugsweise,
nur mit ausdrücklicher Genehmigung des Verlages gestattet.
Redaktion: Dagmar Fronius, Wina Neuser,
Annette Nolden-Thommen
Bildredaktion: Stefan Martin
Umschlaggestaltung und Layout: Inga Koch
Unter Verwendung von Bildmaterial von C. P. Fischer
Unter Verwendung von Bild- und Textmaterial von
CMA, 3 Glocken GmbH, The Food Professionals Köhnen,
Maggi Kochstudio, Molkerei Alois Müller
Printed in Germany
ISBN 3-8166-0320-3

INHALT

Die Rezeptmengen gelten jeweils für vier Personen, soweit nicht anders angegeben.

Die Nährwert- und Kalorienangaben sind jeweils für eine Person berechnet.

Verschiedene Dressings

2 EL Weinessig,
1/2 TL Salz,
Pfeffer,
1/2 TL Senf,
Zucker,
4 EL kaltgepreßtes Öl,
1 Schalotte,
1 EL gehackte Kräuter

Vinaigrette
Essig mit Salz so lange verrühren, bis es sich aufgelöst hat. Pfeffer, Senf und Zucker hinzufügen, Öl nach und nach darunterschlagen. Schalotte schälen, fein würfeln, mit den Kräutern hinzugeben. Gut 15 Minuten ziehen lassen.

EW	Fett	KH	kcal/J
–	15 g	2 g	144/604

Saft von 1/2 Zitrone,
Salz, 150 g Joghurt,
Zucker, weißer Pfeffer,
1/8 l süße Sahne

TIP Paßt zu allen milden Salaten wie Romana-, Eis- oder Kopfsalat.

Joghurt-Sahne-Sauce
Zitronensaft mit Salz verrühren, bis sich dieses gelöst hat. Joghurt mit Zucker und Pfeffer hinzufügen. Sahne steif schlagen, locker unterheben.

EW	Fett	KH	kcal/J
2 g	13 g	4 g	147/614

Saft von 1 Zitrone,
Saft von 1 Orange,
Salz, Zucker, Zitronenpfeffer,
1 EL Orangenlikör,
4 EL Maiskeimöl

TIP Zu Eissalat, Chicorée oder Romana passend.

Zitrus-Sauce
Zitronen- und Orangensaft mit Salz, Zucker, Pfeffer und Likör gut verrühren. Nach und nach Öl darunterschlagen.

EW	Fett	KH	kcal/J
–	15 g	7 g	170/709

1 frisches Eigelb,
2 EL Weißweinessig,
1 TL Dijon-Senf,
weißer Pfeffer, Salz, Zucker,
150 ml Olivenöl

TIP Paßt zu grünen, leicht bitteren Salaten wie Endivie, Frisée oder Radicchio.

Cremiges French Dressig
Eigelb mit Essig, Senf, Pfeffer, Salz und Zucker sehr gut verrühren. Nach und nach Öl darunterschlagen, so daß eine cremige Sauce entsteht. Sollte sie zu dick sein, 1 - 2 EL Wasser oder Gemüsefond hineingeben.

EW	Fett	KH	kcal/J
1 g	39 g	2 g	357/1493

Knoblauch-Käse-Sauce *(Abb. unten)*

Knoblauchzehen schälen, Basilikum waschen und trockenschütteln, Thymianblättchen von den Stielen zupfen. Knoblauch und Kräuter mit Schafskäse und Pecorino sowie Pinienkernen im Mixer pürieren. Olivenöl unterschlagen, salzen und pfeffern. Schmeckt gut zu Gemüsesalaten und Eiern.

3 Knoblauchzehen,
2 Bd. Basilikum,
1 Zweig frischer Thymian,
60 g Schafskäse,
40 g geriebener Pecorino,
4 EL Pinienkerne,
8 EL Olivenöl,
Salz,
weißer Pfeffer

EW	Fett	KH	kcal/J
9 g	44 g	6 g	451/1887

SAUCEN

Rote Eiersauce *(Abb. S. 5, oben)*

2 hartgekochte Eier,
1 EL mittelscharfer Senf,
Saft von 1/2 Zitrone,
1 EL Tomatenmark,
2 EL Rotwein, 4 EL Öl,
Salz,
schwarzer Pfeffer,
1 gepreßte Knoblauchzehe,
1 Prise Zucker

Eier schälen, Eigelb und Eiweiß trennen. Eiweiß grob hacken, beiseite stellen.
Eigelb mit Senf und Zitronensaft glattrühren.
Tomatenmark und Rotwein untermengen.
Olivenöl tropfenweise einrühren, bis sich alle Zutaten miteinander verbunden haben.
Mit Salz, Pfeffer, Knoblauch und Zucker abschmecken.
Mit gehacktem Eiweiß bestreuen. Paßt gut zu Blattsalaten und als Dip für Gemüse.

EW	Fett	KH	kcal/J
4 g	18 g	3 g	202/845

Sahne-Kräuter-Creme *(Abb. S. 7, Mitte)*

1/8 l süße Sahne,
2 EL Mayonnaise,
1 EL Crème fraîche,
1 TL Essig, 1 TL Zitronensaft,
1 TL Sardellenpaste,
1 Bd. Petersilie, 1 Bd. Dill

TIP Sahne-Kräuter-Creme paßt zu Stangensellerie, Möhren und Kohlrabi.

Süße Sahne steif schlagen. Mayonnaise, Crème fraîche, Essig, Zitronensaft und Sardellenpaste verrühren. Mischung unter die Sahne ziehen.
Petersilie und Dill waschen, trockenschütteln und fein hacken.
Unter die Sahne-Creme mischen.

EW	Fett	KH	kcal/J
1 g	17 g	2 g	168/701

Amerikanisches Dressing *(Abb. S. 7, unten)*

1/8 l süße Sahne,
1 Schuß Cognac,
je 1 EL Zitronen- und Orangensaft,
2 EL Tomatenketchup,
einige Spritzer Tabascosauce

Sahne mit Cognac, Zitronen- und Orangensaft verrühren. Mit Tomatenketchup und Tabascosauce kräftig würzen. 30 Minuten kühl stellen.
Nochmals abschmecken. Das Dressing eignet sich für Blatt-, Gemüse-, Fleisch-, Fisch- und Eiersalate.

EW	Fett	KH	kcal/J
1 g	10 g	2 g	118/492

Kräutermayonnaise (Abb. oben)

Mayonnaise mit Joghurt, Zitronensaft, Salz, Zucker, weißem Pfeffer und gemischten, gehackten Kräutern verrühren.
Frischen Spinat waschen, trockentupfen, hacken und unter die Mayonnaise mischen.
Paßt gut zu Gemüse und Fleischsalaten.

150 g Mayonnaise,
75 g Joghurt,
1 EL Zitronensaft,
Salz,
1 Prise Zucker,
weißer Pfeffer,
3 EL gemischte Kräuter,
25 g frischer Spinat

EW	Fett	KH	kcal/J
2 g	30 g	3 g	297/1243

1 Eiweiß,
1 Prise Salz,
150 g Mayonnaise,
Sardellenpaste,
gehackte Essigfrüchte,
Kaviar

Schlanke Mayonnaise (Abb. S. 7, Mitte):
Eiweiß mit Salz steif schlagen, unter Salatmayonnaise heben.
Nach Geschmack mit Sardellenpaste, gehackten Essigfrüchten oder Kaviar mischen.
Paßt zu Gemüsesalaten und Meeresfrüchten.

EW	Fett	KH	kcal/J
3 g	29 g	1 g	282/1181

200 g Mayonnaise,
1 EL Paprikamark,
1 EL Tomatenketchup,
1 EL Wodka,
Chilipulver,
Kräutersalz,
1 Prise Zucker

Rote Mayonnaise (Abb. S. 7, unten):
Mayonnaise mit Paprikamark, Tomatenketchup, Wodka, Chilipulver nach Geschmack, Kräutersalz und Zucker verrühren.
Gut zu Schalentieren wie Krabben und Hummerschwänzen sowie zu Heringssalaten.

EW	Fett	KH	kcal/J
1 g	38 g	2 g	368/1540

Dillsauce

1 Becher Joghurt oder
1/8 l saure Sahne,
1 EL Mayonnaise,
1 TL Dill,
je 1 Prise Salz, Zucker,
Pfeffer

Joghurt oder saure Sahne mit den übrigen Zutaten verrühren, pikant abschmecken.
Geeignet für Blatt- und Gurkensalate.

EW	Fett	KH	kcal/J
2 g	8 g	7 g	103/432

Pikante Sahnesauce

1/8 l süße Sahne,
2 EL Zitronensaft,
1 TL mittelscharfer Senf,
je 1 Prise Salz und Pfeffer

Alle Zutaten gut verrühren. Pikant abschmecken.
Geeignet für grüne Salate.

EW	Fett	KH	kcal/J
1 g	10 g	2 g	108/452

Senf-Dill-Sauce

Senf mit Crème fraîche, Essig und Senfpulver
verrühren. Mit Zucker, Salz, 1 Prise Ingwer und
Sojasauce pikant abschmecken.
Schalotte schälen, sehr fein würfeln.
Gehackten Dill unter die Sauce mischen, zum Schluß
Öl darunterschlagen.
Zugedeckt 30 Minuten ziehen lassen.

4 EL scharfer Senf,
2 EL Crème fraîche,
2 EL Essig, 1 TL Senfpulver,
Zucker, Salz, Ingwerpulver,
1 - 2 Spritzer Sojasauce,
1 Schalotte,
2 EL gehackter Dill, 3 EL Öl

TIP Senf-Dill-Sauce paßt
besonders gut zu gekochtem,
gebratenem oder gegrilltem
Fisch und Räucherlachs.

EW	Fett	KH	kcal/J
2 g	16 g	3 g	155/649

Zucchinisalat

500 g Zucchini,
1/8 l trockener Weißwein,
2 EL Olivenöl,
Salz, Pfeffer,
2 Zwiebeln,
1/2 kleiner Kopfsalat,
1 gelbe Paprikaschote,
100 g Lachsschinken,
3 Tomaten,
2 EL Essig,
150 g Schafskäse

Zucchini waschen, trockenreiben, Stiel- und
Blütenansätze entfernen; in etwa 1/2 cm dicke
Scheiben schneiden.
Weißwein mit Öl aufkochen. Zucchini zugeben, salzen,
pfeffern, 5 Minuten garen. Aus dem Sud heben, diesen
um etwa 1/3 einkochen lassen.
Zwiebeln schälen, in Ringe schneiden. Salat waschen,
in Streifen schneiden. Paprika putzen, würfeln,
Schinken in Streifen schneiden. Tomaten in dünne
Schnitze teilen. Alle diese Zutaten mit den
Zucchinischeiben mischen.
Abgekühlten Sud mit Essig mischen, über den Salat
gießen. Käse würfeln, darüber verteilen.

TIP Dazu gibt es frisches
Baguette oder kräftiges
Roggenbrot.

EW	Fett	KH	kcal/J
14 g	17 g	11 g	264/1102

Bunter Gemüsesalat

Fenchel putzen, halbieren, in Streifen, Zucchino in dünne Scheiben schneiden.
Möhren schälen; in Streifen schneiden. Paprika putzen, entkernen und passend zu den Möhren schneiden.
Staudensellerie waschen, in Scheiben schneiden.
Tomaten achteln, Rübchen schälen und passend dazu schneiden. Brokkoli blanchieren, abschrecken und abtropfen. Alle Gemüsesorten sowie die roten Bohnen anrichten.
Aus Joghurt, Schalottenwürfeln und Gewürzen eine pikante Marinade zubereiten; getrennt zum Salat reichen.

1 Fenchelknolle, 1 Zucchino,
4 Möhren,
1 gelbe Paprikaschote,
4 Stangen Staudensellerie,
4 Tomaten,
1 Bd. weiße Rübchen,
125 g Brokkoliröschen,
250 g eingeweichte rote
Bohnen, 2 Becher Joghurt,
1 gehackte Schalotte,
1 TL Senf, Salz, Pfeffer,
Paprikapulver, 1/2 TL Honig,
2 EL Tomatenketchup

TIP Eine originelle und kalorienarme Idee zur Cocktailstunde.

EW	Fett	KH	kcal/J
18 g	5 g	49 g	309/1294

Salatschüssel Exotica

4 hartgekochte Eier,
1 rote Paprikaschote,
1 mittlerer Chinakohl,
100 g Champignons,
Saft von 1 Zitrone, 1 Kiwi,
250 g Shrimps, 2 Becher
Joghurt, 1 Schuß Weißwein,
Salz, Pfeffer, Curry,
Worcestersauce,
2 EL gehackte Kräuter

TIP Der Hauch Exotik kann durch verschiedene Extrazugaben, wie z. B.
frische Ananaswürfel, Bananen, Mandelblättchen etc. verstärkt werden.

Eier schälen, achteln. Paprika waschen, entkernen und würfeln.
Chinakohl putzen, waschen, in feine Streifen schneiden.
Champignons mit einem feuchten Tuch abreiben, feinblättrig schneiden; mit Zitronensaft beträufeln. Kiwi schälen, in Scheiben schneiden.
Alle Zutaten mit den Shrimps in einer Salatschüssel anrichten.
Aus Joghurt, Weißwein, Salz, Pfeffer, Curry, Worcestersauce und Kräutern eine pikante Sauce zubereiten.
Über den Salat geben und mischen.

EW	Fett	KH	kcal/J
54 g	11 g	13 g	327/1369

Gemischter Salat „Bella Italia"

Tortellini nach Vorschrift bißfest garen.
Inzwischen Römischen Salat und Rauke waschen, in
mundgerechte Stücke pflücken, abtropfen. Tomaten
waschen, achteln, Zucchini waschen, in feine Streifen
schneiden. Fenchel waschen, in dünne Scheiben
schneiden; Zwiebel in feine Ringe schneiden. Schinken
fein würfeln. Tortellini abgießen, abschrecken,
abtropfen. Olivenöl erhitzen. Zwiebelringe und Schinken
darin andünsten. Tortellini dazugeben, alles
durchschwenken. Salatgemüse locker mischen, auf
einer Platte anrichten. Aus Dickmilch, Buttermilch und
Zitronensaft eine Sauce rühren. Feingewiegte Kräuter,
Gewürze und Öl untermengen, Sauce über dem Salat
verteilen.
Die noch warme Tortellini-Mischung darübergeben.

150 g Tortellini,
1 Kopf Römischer Salat,
200 g Rauke (ersatzweise
junge Löwenzahnblätter),
400 g Tomaten,
300 g zarte Zucchini,
200 g Fenchelknolle,
1 große Gemüsezwiebel,
200 g gekochter Schinken,
1 EL Olivenöl,
175 g Dickmilch (10%),
2 EL Buttermilch,
Saft von 1/2 Zitrone,
feingewiegtes Fenchelgrün,
weißer Pfeffer,
frisches Basilikum,
2 EL Traubenkernöl

EW	Fett	KH	kcal/J
22 g	21 g	41 g	444/1859

Fenchel-Nuß-Salat

2 Fenchelknollen mit Grün,
2 große Tomaten, 1 Zwiebel,
1 Knoblauchzehe,
80 g Walnußkerne,
2 EL Kräuteressig,
Saft von 1/2 Orange,
Salz, schwarzer Pfeffer,
1 Prise Zucker,
1 Msp. Senfpulver,
4 EL Öl,
1 Kästchen Kresse

TIP Fenchel-Nuß-Salat schmeckt als Vorspeise mit Weißbrot oder als Beilage zu gebratenem Fischfilet.

Fenchelknollen putzen, waschen, halbieren. Strunk entfernen. Fenchel in dünne Scheiben schneiden. Einen Teil des Grüns dazugeben. Tomaten überbrühen, abschrecken und häuten. Stielansätze und Kerne entfernen. Fruchtfleisch würfeln. Zwiebel und Knoblauchzehe schälen, fein hacken. 1 EL Walnußkerne beiseite stellen, restliche Nüsse hacken. Alle diese Zutaten miteinander mischen.
Essig, Orangensaft, Salz, Pfeffer, Zucker und Senfpulver verrühren. Öl unterschlagen. Salatzutaten mit der Sauce mischen. Mit Walnußkernen und KresseSträußchen garnieren.

EW	Fett	KH	kcal/J
6 g	27 g	14 g	334/1396

Paprikasalat

4 rote, 3 grüne und
2 gelbe Paprikaschoten,
4 Zwiebeln,
1/2 Knoblauchzehe,
3 EL Öl, 2 EL Essig,
Salz, Pfeffer,
1 Prise Zucker,
2 Spritzer Tabascosauce,
1/2 Bd. Petersilie

Paprikaschoten vierteln, putzen, waschen, trockentupfen und in 1/2 cm breite und 3 cm lange Streifen schneiden.
Zwiebeln schälen, in hauchdünne Ringe schneiden.
Knoblauch schälen, anschneiden, Salatschüssel damit ausreiben.
Öl und Essig mit Salz und Pfeffer verrühren. Mit Zucker und Tabascosauce würzen.
Paprika- und Zwiebelstreifen hineingeben, mischen.
20 Minuten durchziehen lassen, nachwürzen.
Petersilie waschen, trockentupfen und fein hacken.
Über den Paprikasalat streuen.

EW	Fett	KH	kcal/J
3 g	8 g	15 g	144/604

Griechischer Bauernsalat

Gurke und Tomaten waschen.
Tomaten achteln, Gurke in Scheiben schneiden.
Zwiebeln schälen, in Ringe schneiden.
Schafskäse würfeln.
Alle Salatzutaten einschließlich der Oliven der Reihe nach auf einer Platte anrichten.
Marinade aus Knoblauch, Salz, Pfeffer, Majoran, Essig und Öl zubereiten.
Über den Salat geben.
Zu diesem Salat passen sehr gut frisches Fladenbrot und geharzter Wein.

1 Salatgurke,
500 g Tomaten,
2 Zwiebeln,
250 g Schafskäse,
125 g schwarze Oliven,
2 gepreßte Knoblauchzehen,
Salz,
Pfeffer,
1 TL Majoran,
3 EL Essig,
4 EL Olivenöl

EW	Fett	KH	kcal/J
16 g	46 g	10 g	511/2138

Bunter Salat „Andalusien"

1 kleiner Kopfsalat,
2 grüne Paprikaschoten,
4 Tomaten,
2 Zwiebeln,
3 hartgekochte Eier,
20 gefüllte Oliven,
4 EL Olivenöl,
3 EL Estragonessig,
1/2 TL Salz,
grob gemahlener Pfeffer,
1 Prise Knoblauchpulver,
1 Prise zerriebener Oregano,
1 TL gehackte Petersilie

Kopfsalat putzen, waschen, abtropfen. Blätter etwas zerpflücken.
Paprikaschoten putzen, waschen, in zarte Streifen schneiden. Tomaten häuten, Zwiebeln schälen, beides in Scheiben schneiden.
Eier und Oliven halbieren. Alle Zutaten bis auf die Salatblätter leicht mischen.
Öl, Estragonessig, Salz, Pfeffer, Knoblauchpulver und Oregano verrühren. Über den Salat gießen. 30 Minuten in den Kühlschrank stellen.
Salatblätter unterheben. Mit Petersilie bestreut servieren.

EW	Fett	KH	kcal/J
10 g	22 g	11 g	286/1196

Kopfsalat mit Früchten

1 Kopfsalat,
1/2 kleine Dose
Mandarin-Orangen,
2 Pfirsichhälften (Dose),
150 g blaue Weintrauben,
1/2 Becher Joghurt,
3 EL Mandarin-Orangensaft,
2 EL Zitronensaft,
1 EL Essig,
Salz,
1 Prise Zucker,
weißer Pfeffer

Kopfsalat putzen, waschen, zerpflücken, abtropfen.
Mandarin-Orangen abtropfen; Saft auffangen.
Abgetropfte Pfirsichhälften in Stücke schneiden.
Mit dem Salat und den Mandarin-Orangen in eine Schüssel geben.
Weintrauben waschen, abtropfen. Beeren von den Stielen zupfen, halbieren, entkernen. In die Schüssel geben.
Joghurt mit Mandarin-Orangensaft, Zitronensaft, Essig, Salz, Zucker und Pfeffer verrühren. Pikant abschmecken.
Über die Salatzutaten gießen, alles nochmals mischen.

EW	Fett	KH	kcal/J
3 g	1 g	24 g	116/486

Frühlingssalat mit Löwenzahn

Löwenzahnblätter waschen, abtropfen.
Maiskörner abtropfen, Eier achteln, Frühlingszwiebeln mit Grün fein hacken.
Mais, Eiachtel und Löwenzahn locker mischen, auf vier Tellern verteilen.
Zwiebelwürfelchen unter die Dickmilch mischen, mit Estragonessig, Zitronenschale, Pfeffer und Knoblauch würzen. Dressing etwas durchziehen lassen, mit Salz abrunden.
Auf die einzelnen Salatportionen geben.
Salat eventuell mit Gänseblümchen garnieren.

EW	Fett	KH	kcal/J
8 g	9 g	19 g	187/781

150 g junge
Löwenzahnblätter,
250 g Maiskörner (Dose),
2 hartgekochte Eier,
2 kleine Frühlingszwiebeln
mit Grün,
175 g Dickmilch (10%),
1 TL Estragonessig,
1 Msp. abgeriebene
unbehandelte
Zitronenschale,
Pfeffer, Knoblauchpulver,
Salz,
nach Belieben
Gänseblümchenblätter oder
Knospen zum Garnieren

Wurstsalat pikant

350 g Fleischwurst,
2 Zwiebeln,
2 Gewürzgurken,
50 g eingelegte,
rote Paprikaschoten (Glas),
2 EL Essig,
4 EL Öl,
Salz,
weißer Pfeffer,
1 Prise Zucker,
1 Msp. scharfer Senf

Wurst häuten, in Scheiben, dann in schmale Streifen schneiden. Zwiebeln schälen, Gewürzgurken in Streifen schneiden. Paprikaschoten abtropfen, in Streifen schneiden oder würfeln. Alles in einer Schüssel mischen. Essig und Öl vermengen, mit Salz, Pfeffer, Zucker und Senf pikant würzen. Über den Salat gießen. Zugedeckt 30 Minuten durchziehen lassen. Wurstsalat auf einer Platte bergartig anrichten.

EW	Fett	KH	kcal/J
11 g	36 g	8 g	401/1678

Fenchelsalat mit Schinken

6 kleine Fenchelknollen,
1/2 Tasse Weinessig,
1 TL Salz,
1 Msp. Knoblauchsalz,
weißer Pfeffer,
5 EL Olivenöl,
100 g gekochter Schinken,
2 säuerliche Äpfel,
1 kleine Dose Mandarinen

Fenchelknollen putzen, in dicke Scheiben schneiden und würfeln. Weinessig darüber verteilen. Mit Salz, Knoblauchsalz und Pfeffer stark würzen. Öl darübergießen, mischen. Schinken in Streifen schneiden. Auf den Fenchel streuen. Äpfel schälen, in dünne Scheiben schneiden, darübergeben. Ebenso abgetropfte Mandarinen. Servieren, am Tisch mischen.

EW	Fett	KH	kcal/J
8 g	18 g	20 g	297/1243

Wurstsalat mit Apfel

1 Zwiebel,
2 Äpfel,
150 g Dauerwurst,
1 große Essiggurke,
1 EL Essig,
2 EL Öl,
Salz,
Pfeffer,
1 Prise Zucker

Zwiebel schälen, in feine Ringe schneiden. Äpfel schälen und würfeln. Dauerwurst und Essiggurke würfeln. Alles mischen. Essig und Öl mischen, salzen und pfeffern. Mit einer Prise Zucker abschmecken. Über den Wurst-Apfel-Salat gießen, gut umrühren. 20 Minuten ziehen lassen.

EW	Fett	KH	kcal/J
5 g	18 g	12 g	227/951

Bunter Wurstsalat

Kalbfleischwurst und Käse in Streifen schneiden.
Paprika putzen, waschen, in feine Streifen schneiden.
Radieschen waschen und in Scheiben, Zwiebel
schälen und in Ringe zerteilen. Knoblauchzehe
schälen, mit Petersilie fein hacken.
Essig mit Senf, Salz, Pfeffer und Öl verrühren.
Alle Zutaten mischen, Salatsauce vorsichtig
unterheben.
Feldsalat waschen, auf einer Platte auslegen.

*350 g Kalbfleischwurst (in
Scheiben geschnitten),
200 g Emmentaler,
200 g Paprikaschoten (rot
und gelb gemischt),
1 Bd. Radieschen,
1 Zwiebel, 1 Knoblauchzehe,
1 Bd. Petersilie,
4 EL Essig,*

1 TL Kräutersenf,
Salz,
Pfeffer,
7 EL Öl,
150 g Feldsalat

Bunten Wurstsalat auf dem Feldsalat anrichten.

EW	Fett	KH	kcal/J
28 g	62 g	5 g	705/2949

Bayerischer Wurstsalat

250 g Fleischwurst,
200 g Zwiebeln,
200 g Tomaten,
Pfeffer aus der Mühle
Für die Marinade:
5 EL Öl,
Salz,
1 EL Senf,
4 EL Essig,
5 EL Wasser

Fleischwurst häuten, längs halbieren, in feine Streifen schneiden. Zwiebeln schälen, in feine Ringe zerteilen. Tomaten häuten, grünen Stielansatz entfernen, in Scheiben schneiden. Alle Zutaten mischen. Marinade zubereiten. Mit der Pfeffermühle darübermahlen. Salat im Kühlschrank zugedeckt gut durchziehen lassen.
Vor dem Servieren nochmals abschmecken.

EW	Fett	KH	kcal/J
8 g	31 g	6 g	348/1457

Schweizer Wurstsalat

1 Rezept Wurstsalat
(siehe oben),
150 g Schweizer
Emmentaler

Wurstsalat zubereiten, Emmentaler in feine Streifen schneiden. Unter den Salat heben.

EW	Fett	KH	kcal/J
21 g	48 g	8 g	550/2302

Sauerkraut-Schinken-Salat

350 g Sauerkraut,
250 g gekochter Schinken,
150 g blaue Weintrauben,
1 großer Becher saure
Sahne,
Salz,
weißer Pfeffer,
Zucker

Sauerkraut abtropfen, grob hacken. Fettrand vom Schinken abschneiden. Schinken in Streifen schneiden. Weintrauben waschen und abtropfen. Beeren von den Stielen zupfen, halbieren und entkernen. Alles in eine Schüssel geben. Saure Sahne schaumig rühren. Mit Salz, Pfeffer und Zucker abschmecken. Über den Salat gießen, gut mischen.

EW	Fett	KH	kcal/J
15 g	18 g	14 g	346/1448

FLEISCH-, WURSTSALATE

Feinherber Salat mit Ente

Die Entenbrüste mit Gewürzen einreiben.
Butterschmalz erhitzen, und das Entenfleisch darin von
beiden Seiten etwa 15 Minuten braten.
Salate mit kaltem Wasser abspülen, abtropfen, in
mundgerechte Stücke teilen, auf vier Tellern anrichten.
Marinade aus Essig, Senf, Zucker, Salz und Öl
zubereiten, über den Salat gießen.
Entenfleisch aus der Pfanne nehmen, Fett abgießen.
Bratensatz mit Fleischbrühe ablöschen, kräftig
einkochen, Butterflöckchen einrühren. Mit Salz und
Pfeffer würzen.
Fleisch in dünne Scheiben schneiden, auf den Tellern
anrichten, mit der Sauce beträufelt servieren.

*2 Entenbrüstchen
(je etwa 150 g),
Salz,
weißer Pfeffer,
1 TL Thymian,
25 g Butterschmalz,
1 Kopf Lollo Rosso,
1 Stange Chicorée,
2 EL Balsamicoessig,
1/4 TL scharfer Senf,
Zucker,
1 EL Kürbiskernöl,
2 EL Sonnenblumenöl,
1/8 l Fleischbrühe,
20 g gekühlte Butter*

EW	Fett	KH	kcal/J
14 g	34 g	2 g	386/1616

21

Wurstsalat einfach

175 g Jagdwurst,
175 g Fleischwurst,
3 Essiggurken,
2 Zwiebeln,
4 EL Kräuteressig,
Salz, Pfeffer,
1 TL scharfer Senf, 4 EL Öl,
1 Bd. Schnittlauch

TIP Mischen Sie zusätzlich dünne Käsestreifen und Apfelwürfel unter den Salat.

Beide Wurstsorten und Essiggurken in dünne Scheiben schneiden. Zwiebeln schälen, die eine in Würfel, die andere in dünne Ringe schneiden.
Alles mischen, Essig mit 1 EL Wasser, Salz, reichlich Pfeffer und Senf verrühren. Öl unterschlagen.
Marinade über den Salat gießen, alles mischen und 30 Minuten ziehen lassen.
Schnittlauch hacken, überstreuen.

EW	Fett	KH	kcal/J
12 g	28 g	4 g	337/1409

Brüsseler Salat

Kalbsbraten, Seelachs und gewaschenen Chicorée in feine Streifen schneiden.
Mit Walnüssen mischen.
Sahne steif schlagen. Zitronensaft und Zitronenschale unterheben.
Leicht salzen und pfeffern. Über den Salat gießen, mischen.
Eier und Oliven in Scheiben schneiden. Salat damit garnieren.

100 g kalter Kalbsbraten,
50 g geräucherter Seelachs,
2 Stangen Chicorée,
5 grobgehackte Walnüsse,
1/8 l süße Sahne,
Saft und abgeriebene Schale von 1 unbehandelten Zitrone,
Salz,
weißer Pfeffer,
2 hartgekochte Eier,
3 gefüllte Oliven

EW	Fett	KH	kcal/J
14 g	16 g	6 g	232/970

Rindfleischsalat

Roastbeef würfeln, in eine Schüssel geben.
Paprikaschote halbieren, waschen, abtropfen, in Streifen schneiden.
Maiskörner abtropfen. Abgetropfte Gewürzgurken würfeln, Zwiebeln schälen, hacken.
Gemüse zum Fleisch geben, locker mischen.
Öl mit Essig und Chilisauce verrühren, salzen. Über den Salat gießen und unterheben.
Zugedeckt 20 Minuten im Kühlschrank durchziehen lassen.
Gut durchmischen, abschmecken.
In einer Glasschüssel oder auf einer Platte anrichten.
Ei schälen, achteln.
Gewaschene Petersilie in Sträußchen teilen. Salat damit garniert servieren.

300 g gebratenes kaltes Roastbeef,
1 grüne Paprikaschote,
1 kleine Dose Maiskörner,
2 Gewürzgurken,
2 Zwiebeln,
4 EL Öl,
3 EL Essig,
2 EL Chilisauce,
Salz,
1 hartgekochtes Ei,
2 Stengel Petersilie

EW	Fett	KH	kcal/J
21 g	21 g	22 g	360/1507

FLEISCH-, WURSTSALATE

Badischer Fleischsalat

125 g Fleischwurst,
1 Gewürzgurke,
1 Zwiebel,
1 Apfel,
2 Tomaten,
2 gekochte Möhren,
2 hartgekochte Eier,
100 g Mayonnaise,
2 EL süße Sahne,
Salz,
Pfeffer,
Paprika,
etwas Senf,
etwas geriebener
Meerrettich,
1/2 Bd. Schnittlauch,
1 kleines Sträußchen
Petersilie

Fleischwurst häuten. Gurke, Zwiebel und Apfel waschen, schälen.
Tomaten häuten. Alles in feine Streifen schneiden, ebenso die Möhren.
Eier pellen, zwei Achtel zum Garnieren zurücklassen. Eiweiß vom Eigelb lösen. Eiweiß hacken. Mit den übrigen Zutaten gut mischen.
Eigelb durch ein Sieb drücken. Mit Mayonnaise, Sahne und Gewürzen verrühren.
Über den Salat geben und vorsichtig mischen.
Schnittlauch waschen, kleinschneiden, dazugeben.
Zugedeckt im Kühlschrank gut durchziehen lassen.
Nochmals abschmecken. Mit zwei Eiachteln und Petersilie garnieren.

EW	Fett	KH	kcal/J
9 g	35 g	13 g	400/1674

Wurstsalat ungarisch

400 g Salami,
2 säuerliche Äpfel,
4 Tomaten,
1 grüne Paprikaschote,
2 EL eingelegte,
rote Paprikaschoten (Glas),
3 EL Mayonnaise,
3 EL saure Sahne,
1 EL Paprika, edelsüß,
1 kleine Zwiebel,
Salz,
2 hartgekochte Eier,
8 Sardellenfilets

Salami häuten, in Scheiben, dann in Streifen schneiden. Äpfel schälen, würfeln.
Tomaten häuten, achteln, Stielansätze herausschneiden. Paprikaschote halbieren, waschen und würfeln. Paprikastreifen abtropfen, würfeln. Alles in einer Schüssel mischen.
Mayonnaise mir saurer Sahne und Paprika verrühren. Zwiebel hineinreiben. Mit Salz abschmecken.
Marinade über den Salat gießen, mischen.
Eier schälen und vierteln. Als Kranz auf den Salat setzen. Sardellenfilets abtropfen, zusammenrollen.
Auf jedes Eiviertel zwei Sardellenfilets setzen.

EW	Fett	KH	kcal/J
50 g	67 g	14 g	853/3567

Schinken-Eier-Salat

Eier schälen. Kresse mit kaltem Wasser abspülen, abtropfen lassen. Blätter von den Stielen zupfen. Schinken in Streifen schneiden. Ein Ei halbieren, Eigelb durch ein Sieb passieren, mit Senf verrühren. Unter Rühren mit dem elektrischen Mixer nach und nach Öl hinzufügen, so daß eine glatte Creme entsteht. Langsam Essig unterrühren, mit Salz und Pfeffer würzen. Schinkenstreifen auf einer Platte anrichten, mit Kresse umlegen. Schinken mit Mayonnaise übergießen. Eier vierteln, Salat damit garnieren. Die Zwiebel schälen, in Ringe schneiden und den Salat damit bestreuen. Eiweiß hacken, überstreuen.

3 hartgekochte Eier,
1 Bd. Brunnenkresse,
350 g gekochter Schinken
am Stück,
1 EL Senf,
6 EL Erdnußöl,
1 TL Sherryessig,
Salz,
weißer Pfeffer,
1 Zwiebel

EW	Fett	KH	kcal/J
24 g	38 g	2 g	459/1919

Orangen-Zwiebel-Salat mit Hähnchenbrust

200 g Feldsalat,
1 Bd. Löwenzahn,
100 g Radicchio,
4 Orangen,
4 Hähnchenbrustfilets
(je etwa 125 g),
Salz, Pfeffer, Paprikapulver,
Mehl zum Wenden,
1 EL Butter,
150 g Kräuterfrischkäse,
1/8 l süße Sahne,
1 Bd. Petersilie,
1 Bd. Schnittlauch,
1 EL Öl,
Saft von 1 Zitrone,
je 2 rote und weiße Zwiebeln

Feldsalat, Löwenzahn und Radicchio verlesen, putzen und waschen. Orangen schälen, von der weißen Haut befreien, in Filets schneiden. Hähnchenbrüste mit Salz, Pfeffer und Paprikapulver würzen, in Mehl wenden und in heißer Butter braten. Aus den übrigen Zutaten – ausgenommen den Zwiebeln – eine Sauce rühren und abschmecken. Zwiebeln schälen, in Ringe schneiden. Unter die Sauce, zuammen mit der Hälfte der Orangenfilets, mengen. Salat auf Tellern anrichten, Sauce in die Mitte geben, übrige Orangenfilets darauf anrichten. Hähnchenbrustfilets in Scheiben schneiden, auf den Salat legen.

EW	Fett	KH	kcal/J
35 g	54 g	16 g	493/2063

Feinschmeckersalat

Essig mit Öl verquirlen. Mit etwas Salz, Pfeffer, Senf und Schnittlauch mischen. Avocados halbieren. Kern entfernen, Früchte schälen; in gleichmäßig dünne Scheiben schneiden, mit Zitronensaft beträufeln. Käse in etwa 3 cm breite und 5 cm lange Streifen schneiden. Zusammen mit den Avocados auf Tellern verteilen. Leber häuten, in vier gleich große Stücke teilen. Salzen und pfeffern, mit etwas Mehl bestäuben, in heißer Butter von jeder Seite etwa 5 Sekunden braten. Herd ausschalten, Pfanne mit Alufolie abdecken, Leber 2 Minuten nachziehen lassen; auf den Tellern anrichten; alles mit Salatsauce beträufeln.

1 EL Weinessig,
1 TL Balsamicoessig,
3 EL Öl,
1 TL Nußöl,
Salz,
weißer Pfeffer,
1 Msp. Kräutersenf,
2 EL gehackter Schnittlauch,
2 reife Avocados,
1 Zitrone,
150 g Emmentaler,
200 g Putenleber,
1 TL Mehl,
1 TL Butter

EW	Fett	KH	kcal/J
23 g	34 g	1 g	415/1743

Geflügelsalat Princesse

2 tiefgekühlte
Hühnerbrüstchen,
Salz,
100 g Champignons (Dose),
150 g Erbsen (tiefgekühlt),
50 g gehackte Mandeln,
Saft von 2 Zitronen,
100 g Mayonnaise,
4 EL süße Sahne,
weißer Pfeffer,
1 Prise Zucker,
2 Stengel Petersilie

Hühnerbrüstchen nach Vorschrift auftauen, in kochendes Salzwasser geben. In 45 Minuten gar kochen. Hühnerbrüstchen, wenn nötig, von den Knochen lösen, in Würfel schneiden.
Abgetropfte Champignons in Scheiben schneiden.
Erbsen nach Vorschrift zubereiten, abkühlen.
Hühnerfleisch, Champignons, Erbsen und Mandeln mit etwas Zitronensaft 10 Minuten marinieren.
Mayonnaise mit Sahne verrühren. Mit Salz, Pfeffer, Zucker und restlichem Zitronensaft würzen.
Alle Salatzutaten unterheben. 15 Minuten kühl stellen.
Petersilie waschen, trockentupfen. Salat damit garnieren.

EW	Fett	KH	kcal/J
25 g	31 g	12 g	425/1778

Geflügelsalat amerikanisch

1 fertig gebratenes
Hähnchen,
je 1 grüne und rote
Paprikaschote,
4 Tomaten,
1 kleine Dose Maiskörner,
8 grüne gefüllte Oliven,
6 EL Öl,
2 EL Kräuteressig,
1 TL Sojasauce,
1 TL Paprika, rosenscharf,
Salz,
Pfeffer,
3 Radieschen,
1 Kopfsalat,
1 Kästchen Kresse

Hähnchen häuten, von den Knochen lösen. Haut in feine Streifen, Fleisch in Würfel schneiden.
Paprikaschoten putzen, in Streifen schneiden. Tomaten häuten, würfeln. Maiskörner abtropfen. Oliven in Scheiben schneiden. Alles miteinander mischen.
Öl, Essig, Sojasauce verrühren. Mit Paprika, Salz und Pfeffer pikant würzen. Über den Salat gießen.
Radieschen waschen, in Scheiben schneiden, leicht salzen. Kopfsalat entblättern, waschen, trockentupfen. In grobe Streifen schneiden.
Erst den Kopfsalat, dann die Radieschen auf vier Glasteller verteilen. Salatmischung daraufschichten. Marinade darüber verteilen. Mit Kresse reich garniert servieren.

EW	Fett	KH	kcal/J
59 g	33 g	29 g	649/2714

Hühnersalat in Avocado

Die Haut des Brathähnchens entfernen und das Fleisch in kleine Stücke schneiden. Champignons putzen, in Scheiben schneiden. Eier schälen, klein würfeln. Alle Zutaten in einer Schüssel mischen. Mayonnaise mit Curry, Salz, Pfeffer und 2 EL Zitronensaft verrühren, über die Salatzutaten gießen. Die Avocados längs durchschneiden, den Kern herauslösen und Frucht mit restlichem Zitronensaft beträufeln. Den Salat in die Avocadohälften füllen und mit Petersilie garnieren.

1/2 gebratenes Hähnchen,
150 g Champignons,
2 hartgekochte Eier,
6 EL Mayonnaise,
1 Msp. Currypulver,
Salz,
weißer Pfeffer,
Saft von 1 1/2 Zitronen,
4 Avocados,
1 EL gehackte Petersilie

EW	Fett	KH	kcal/J
39 g	71 g	8 g	886/3706

TIP Als Vorspeise reicht man nur je eine Avocadohälfte pro Person.

Geflügelsalat französisch

2 tiefgekühlte
Hühnerbrüstchen,
Salz,
1 Kopfsalat,
4 EL Mayonnaise,
2 EL süße Sahne,
1 TL Meerrettich,
1 EL Tomatenketchup,
Saft von 1/2 Orange,
2 cl Cognac,
weißer Pfeffer,
4 hartgekochte Eier,
4 Tomaten,
2 Scheiben Ananas (Dose)

Hühnerbrüstchen auftauen; ins kochende Salzwasser geben, 45 Minuten sieden lassen.
Kopfsalat zerpflücken, waschen. In einem sauberen Geschirrtuch trockenschwenken.
Mayonnaise, Sahne, Meerrettich, Tomatenketchup, Orangensaft und Cognac gut mischen. Mit Salz und weißem Pfeffer würzen; kühl stellen.
Von den Hühnerbrüstchen Haut und eventuelle Knochen entfernen. Fleisch in sehr feine Scheiben schneiden. Abkühlen lassen.
Kopfsalat in feine Streifen schneiden, auf vier Glastellern anrichten. Fleischscheiben darauf verteilen, Marinade darübergießen. Eier schälen, vierteln.
Tomaten brühen, häuten, in Scheiben schneiden.
Ananas auf einem Sieb abtropfen, in Stücke teilen.
Damit die Salatteller garnieren.

EW	Fett	KH	kcal/J
30 g	18 g	14 g	346/1449

Carmen-Salat

2 Tassen gekochtes,
enthäutetes Hühnerfleisch,
1/2 Tasse Erbsen
(tiefgekühlt),
Salz, 1 rote Paprikaschote,
1/2 Tasse gekochter
Patna-Reis,
1 hartgekochtes Ei,
4 EL Öl, 2 EL Weinessig,
1/2 TL scharfer Senf,
1/2 TL feingehackte Zwiebel,
1 TL gewiegte
Estragonblätter,
1 TL gehackte
Liebstöckelblätter,
Cayennepfeffer,
4 große Salatblätter

Gekochtes und enthäutetes Hühnerfleisch würfeln.
Erbsen in leicht gesalzenem Wasser gut 8 Minuten kochen, abtropfen.
Entkernte Paprika in Streifen schneiden.
Diese Zutaten mit gekochtem Reis mischen.
Ei fein hacken.
Mit Öl, Essig und Senf verrühren.
Gehackte Zwiebel, Estragon und Liebstöckel dazugeben.
Mit Salz und Cayennepfeffer würzen.
Marinade über den Salat gießen.
Auf Salatblättern anrichten.

EW	Fett	KH	kcal/J
15 g	25 g	15 g	343/1434

Geflügelsalat mit Käsesauce

Hähnchenfleisch häuten, in feine Streifen schneiden. Ananas vorbereiten, in Stücke teilen. Weintrauben halbieren, entkernen.
Doppelrahmfrischkäse mit saurer und süßer Sahne, Zitronensaft und Sherry glattrühren. Mit Salz, Pfeffer und Zucker abschmecken.
Nußöl untermengen und die Sauce mit den anderen Salatzutaten mischen.
Hierzu paßt auch eine Roquefort-Sahne-Sauce:
30 g Roquefort mit einer Gabel fein zerdrücken. Mit Sahne, Zitronensaft und weißem Pfeffer abschmecken.

250 g gebratenes Hähnchenfleisch,
200 g frische Ananas,
150 g blaue Weintrauben,
75 g Doppelrahmfrischkäse,
2 EL saure Sahne,
1/8 l süße Sahne,
1 EL Zitronensaft,
1 EL trockener Sherry,
Salz,
weißer Pfeffer,
1 Prise Zucker,
1 TL Nußöl

EW	Fett	KH	kcal/J
16 g	21 g	15 g	326/1362

Heringssalat süß-sauer

4 Salzheringe,
1 Essiggurke,
2 säuerliche Äpfel,
250 g gebratenes
Kalbfleisch,
1 EL Johannisbeergelee,
1 TL mittelscharfer Senf,
1 EL Kapern,
Saft von 1 Zitrone,
2 EL Perlzwiebeln,
2 EL Essig, 2 EL Öl,
Salz, Pfeffer, Zucker

Salzheringe wässern, entgräten, abziehen, in Stücke
schneiden.
Essiggurke fein würfeln.
Äpfel schälen und entkernen.
Obst mit dem Kalbfleisch passend zu der Essiggurke
schneiden.
Restliche Zutaten zur Marinade rühren, alles
durchmischen.
Vor dem Servieren sollte der Heringssalat
einige Stunden ziehen.
Mit frischem Baguette servieren.

TIP Zu salzigen Gerichten
paßt sehr gut ein Bier.

EW	Fett	KH	kcal/J
29 g	30 g	10 g	429/1793

Heringssalat Helsinki

Weißkohl putzen, waschen. Auf einem großem Sieb
gut abtropfen; fein schneiden.
1 1/2 l Wasser aufkochen, Weißkohl hineingeben,
einmal aufkochen lassen. Auf einem Sieb abtropfen
und auskühlen lassen.
Speck in feine Streifen schneiden. In einer Pfanne
leicht bräunen, abkühlen.
Matjesheringe häuten, entgräten, kalt abspülen,
trockentupfen. In feine Streifen schneiden.
Kohl, Speck und Heringe in einer Schüssel mischen.
Mit Essig, Zucker und Pfeffer würzen. Zugedeckt
30 Minuten durchziehen lassen.

1 junger Weißkohl,
200 g durchwachsener
Speck,
4 Matjesheringe,
2 EL Weinessig,
1 TL Zucker,
Pfeffer aus der Mühle

EW	Fett	KH	kcal/J
18 g	42 g	10 g	487/2038

Matjessalat Diable

Matjesfilets und Roastbeef in 2 cm große Stücke
schneiden.
Paprikaschoten putzen, waschen, trockentupfen. In
Streifen schneiden.
Zwiebel schälen. Salatgurke schälen, vierteln,
entkernen. Essiggurke und Champignons abtropfen.
Alles in Streifen schneiden.
Estragonessig, Senf, Curryketchup oder Chilisauce,
Olivenöl, Pfeffer und eine Prise Salz verrühren.
Petersilie oder Kerbel waschen, trockentupfen und fein
hacken; hineingeben.
Salatzutaten untermengen, zugedeckt 1 Stunde in den
Kühlschrank stellen.
Salat in einer Schüssel anrichten. Eier schälen, in
Scheiben schneiden. Salat mit Eiern garnieren.

4 Matjesfilets,
250 g gebratenes Roastbeef
oder anderer Rinderbraten,
1/2 rote Paprikaschote,
1/2 grüne Paprikaschote,
1 Zwiebel,
1/4 Salatgurke,
1 Essiggurke,
1 Dose Champignons,
3 EL Estragonessig,
1 TL französischer Senf,
1 EL Curryketchup oder
scharfe Chilisauce,
3 EL Olivenöl,
Pfeffer, Salz,
1/2 Bd. Petersilie oder
Kerbel,
2 hartgekochte Eier

EW	Fett	KH	kcal/J
30 g	27 g	6 g	386/1616

33

Fischsalat mit Möhren

350 g Seezungenfilet,
Saft von 1 Zitrone,
1 Bd. Suppengrün,
1/8 l trockener Weißwein,
Salz,
3 weiße Pfefferkörner,
1 Kräutersträußchen (Kerbel,
glatte Petersilie, Estragon),
250 g zarte Möhren,
1 EL Kräuteressig,
weißer Pfeffer,
1 Prise Zucker,
3 EL Olivenöl,
1/2 Röhrchen Kapern,
2 EL gehackte Petersilie

Fischfilet quer in 3 cm breite Streifen schneiden. Mit der Hälfte Zitronensaft beträufeln.
Suppengrün putzen, grob würfeln. 1/8 l Wasser mit Weißwein, Salz und Pfefferkörnern aufkochen.
Suppengrün und Kräutersträußchen zugeben, 15 Minuten ziehen lassen.
Fischstücke in den Sud legen. 2 Minuten garen.
Möhren schälen, in Scheiben schneiden, in wenig Salzwasser bißfest garen, abtropfen, mit dem Fisch mischen.
Essig mit restlichem Zitronensaft, 2 EL Fischsud, Pfeffer, Zucker und Olivenöl verrühren.
Über den Salat gießen. Kapern und gehackte Petersilie zugeben. Alles vorsichtig mischen.

EW	Fett	KH	kcal/J
16 g	13 g	5 g	227/949

Genueser Salat

Scampi auftauen, abtropfen. 4 Scampi zum Garnieren beiseite legen. Goldbarschfilet antauen, bis sich die Filets voneinander lösen. Mit Zitronensaft beträufeln.
1 Tasse Wasser mit Salz aufkochen, Fischfilets hineingeben, zugedeckt 10 Minuten darin dünsten. Tintenfisch auf einem Sieb abtropfen; in mundgerechte Stücke schneiden. Goldbarschfilets mit dem Schaumlöffel aus dem Topf nehmen, abkühlen, in Stücke zerpflücken. Mit Scampi und Tintenfischstücken vorsichtig mischen.
Zwiebeln und Gurke schälen, in dünne Scheiben schneiden. Zwei Tomaten häuten, vierteln. (Dritte Tomate zum Garnieren zurücklassen). Grüne Bohnen abtropfen. Alles mit den Fischzutaten mischen.
Öl, Essig, Senf, Salz, Pfeffer verrühren, kräftig würzen. 30 Minuten durchziehen lassen.
Salat in einer Schüssel anrichten. Mit geviertelter Tomate, Scampi und Petersilie garniert servieren.

100 g Scampi (tiefgekühlt),
300 g Goldbarschfilet
(tiefgekühlt),
Saft von 1 Zitrone,
Salz,
1 Dose Tintenfisch,
2 Zwiebeln,
1 Gewürzgurke,
3 Tomaten,
100 g grüne Bohnen,
3 EL Öl,
2 EL Essig,
2 TL scharfer Senf,
Pfeffer,
2 Stengel Petersilie

EW	Fett	KH	kcal/J
40 g	17 g	9 g	447/1869

Bohnensalat dänisch

Bohnen fädeln, waschen und brechen. In kochendes Wasser geben. Salz und Butter hinzufügen, 15 Minuten kochen. Auf einem Sieb abkühlen lassen.
Heringsfilets und Pellkartoffeln in gleichmäßige Streifen schneiden. Zwiebel schälen, fein würfeln. Alles mischen.
Mayonnaise mit Joghurt, Zitronensaft, Pfeffer, Salz und Zucker verrühren. Über den Salat gießen. 1 Stunde ziehen lassen. Nochmals abschmecken. Mit Petersilie bestreuen.

250 g grüne Bohnen,
Salz,
1 EL Butter,
3 Matjesheringsfilets,
200 g gekochte
Pellkartoffeln,
1 Zwiebel,
4 EL Mayonnaise,
1/2 Becher Joghurt,
Saft von 1/2 Zitrone,
Pfeffer,
1 Prise Zucker,
1/2 Bd. gehackte Petersilie

EW	Fett	KH	kcal/J
10 g	18 g	17 g	268/1122

Mandarinen-Thunfisch-Salat

100 g Feldsalat,
100 g Radicchio,
200 g Thunfisch in Öl (Dose),
3 Mandarinen,
10 gefüllte grüne Oliven,
1 Zwiebel,
1 säuerlicher Apfel,
3 EL Essig,
Salz,
Pfeffer,
1 EL Ahornsirup,
1 EL Öl

Feldsalat und Radicchio mit kaltem Wasser abspülen, abtropfen und trockenschleudern. Den Radicchio in mundgerechte Stücke teilen.
Thunfisch kleinschneiden, abtropfen, Öl dabei auffangen.
Mandarinen schälen, filetieren, Oliven in Scheiben schneiden. Zwiebel schälen, fein würfeln.
Alle Zutaten in eine große Schüssel geben.
Apfel schälen, vierteln, vom Kerngehäuse befreien, reiben. Salatsauce aus Essig, Salz, Pfeffer, Ahornsirup, Öl und 2 EL des abgetropften Thunfischöls zubereiten und über den Salat gießen.

EW	Fett	KH	kcal/J
13 g	16 g	12 g	254/1062

Krabbensalat mit Nudeln

Hörnchen-Nudeln in 2 l Salzwasser mit 1 EL Öl 8 - 10 Minuten garen, abschrecken, abtropfen lassen. Paprikaschoten putzen, waschen, in Streifen schneiden; Zwiebeln schälen, in dünne Ringe zerteilen. Krabbenfleisch mit Nudeln mischen. Für die Sauce Essig, etwas Wasser oder entfettete Fleischbrühe, Zucker, Senf, Salz, Pfeffer, restliches Öl und Petersilie verrühren. Salat damit mischen. 30 - 40 Minuten ziehen lassen. Nochmals nachwürzen.

200 g Hörnchen-Nudeln,
Salz,
6 EL Öl,
1 rote Paprikaschote,
1 grüne Paprikaschote,
2 Zwiebeln,
300 g Krabben,
4 - 5 EL Essig,
1 TL Zucker,
1 TL süßer Senf,
Pfeffer,
1 TL gehackte Petersilie

EW	Fett	KH	kcal/J
21 g	25 g	42 g	487/2039

Andalusischer Fischsalat (Titelbild)

500 g gegarter Fisch,
Saft von 1 Zitrone,
3 EL Mayonnaise,
2 EL süße Sahne,
1 TL scharfer Senf,
1 Kopfsalat,
500 g Cocktailtomaten,
2 gelbe Paprikaschoten,
1 hartgekochtes Ei,
10 gefüllte Oliven

Fisch, falls nötig, von Gräten befreien, in Stückchen teilen, mit Zitronensaft beträufeln. Mayonnaise mit Sahne und Senf verrühren, über den Fisch gießen. Gut 1 Stunde ziehen lassen.
Inzwischen Salat putzen, waschen, abtropfen lassen, eine Schale mit den Salatblättern auslegen.
Tomaten waschen, halbieren und von den Stielansätzen befreien.
Paprikaschoten waschen, halbieren, entkernen, in feine Streifen schneiden.
Fischsalat auf den Salatblättern anrichten. Ei hacken, Salat damit bestreuen, mit Tomatenvierteln, Paprikastreifen und Oliven garnieren.

TIP Mit knusprigem Weißbrot servieren.

EW	Fett	KH	kcal/J
27 g	15 g	8 g	289/1209

Sommerlicher Vorspeisenteller

1 Kopfsalat,
100 g Friséesalat,
50 g Radicchio,
100 g Krabben (tiefgekühlt),
120 g Räucherlachs,
175 g Dickmilch (10%),
1/2 Bd. gehackter Dill,
1 TL süßer Senf,
2 EL Zitronensaft,
weißer Pfeffer,
Salz,
Dill und Limettenscheiben
zum Garnieren

Salate waschen, putzen, Blätter in mundgerechte Stücke zerpflücken, mischen und auf vier Tellern verteilen.
Krabben auftauen lassen, darüber verteilen.
Hauchdünn geschnittene Lachsscheiben neben den Salatportionen anrichten.
Dickmilch mit feingewiegtem Dill, Senf und Zitronensaft verrühren, mit den Gewürzen abschmecken.
Über den Salat verteilen. Mit Dillfähnchen und Limettenscheiben garnieren.

EW	Fett	KH	kcal/J
15 g	8 g	4 g	145/607

Fischsalat mit Spargel

Fischfilet unter kaltem Wasser abspülen, mit
Haushaltspapier trockentupfen. Mit Zitronensaft
beträufeln, ziehen lassen, salzen.
1/4 l Salzwasser aufkochen, Fisch hineingeben. Hitze
reduzieren und in 10 Minuten gar ziehen lassen. Fisch
im Fischwasser etwa 30 Minuten abkühlen lassen,
herausnehmen, abtropfen, in gleichmäßige Würfel
schneiden oder zerpflücken. Tomaten überbrühen,
häuten, Stielansätze herausschneiden und achteln.
Spargelspitzen abtropfen. Fisch, Walnußkerne,
Tomaten und Spargelspitzen mischen.
Eigelb, Sahne, Senf und Mayonnaise verrühren.
Joghurt dazugeben. Mit Zucker, Salz und weißem
Pfeffer kräftig würzen.

500 g Fischfilet,
Saft von 1/2 Zitrone,
Salz,
3 Tomaten,
100 g Spargelspitzen
(Dose),
50 g halbierte Walnußkerne,
1 Eigelb,
1/8 l saure Sahne,
1 TL scharfer Senf,
100 g Mayonnaise,
1/2 Becher Joghurt,
1 Prise Zucker,
weißer Pfeffer

EW	Fett	KH	kcal/J
31 g	44 g	14 g	585/2449

Bücklingssalat

Bücklinge an der Rückgräte einschneiden. Haut
abziehen. Filets sauber von den Gräten lösen. In
gleichmäßige Stücke teilen. Kartoffeln schälen, fein
würfeln. Äpfel waschen, vierteln, entkernen und in
kleine, gleichmäßige Stücke schneiden. Alles in einer
Schüssel mischen. Aus Olivenöl, Zitronensaft, Salz,
Pfeffer und Zucker eine Marinade rühren. Über den
Salat gießen. 15 Minuten ziehen lassen.
Nochmals abschmecken. In einer flachen Schüssel
anrichten. Tomaten waschen, Stielansätze
herausschneiden. In 12 Schnitze, Eier in Scheiben
schneiden. Im Wechsel um den Salat legen.
Mit Dillspitzen garnieren.

3 Bücklinge,
200 g gekochte Kartoffeln,
200 g rote Äpfel,
3 EL Olivenöl,
3 EL Zitronensaft,
Salz,
Pfeffer,
1 Prise Zucker,
2 Tomaten,
2 hartgekochte Eier,
1 Sträußchen Dill

EW	Fett	KH	kcal/J
16 g	23 g	8 g	298/1246

Eier-Tomaten-Salat

1 kg Spargel, Salz,
10 g Butter,
1 Prise Zucker,
4 hartgekochte Eier,
4 Tomaten,
2 Frühlingszwiebeln,
200 g gepökelte
Rinderzunge,
2 EL gehackter Dill,
weißer Pfeffer,

Spargel schälen, in wenig Salzwasser mit Butter und Zucker in 20 Minuten bißfest kochen; abkühlen, in etwa 5 cm lange Stücke schneiden. Inzwischen Eier schälen, in Scheiben schneiden. Tomaten waschen, vom Stielansatz befreien, in Scheiben schneiden. Von den Frühlingszwiebeln Stengel in dünne Ringe schneiden, Zwiebel hacken.
Rinderzunge in hauchdünne Scheiben, dann in etwa 2 cm breite Streifen schneiden.
Eine Schüssel mit den Tomatenscheiben auslegen, mit

wiebeln und Dill bestreuen, salzen und pfeffern. Essig
nit Knoblauch mischen, über die Tomaten verteilen.
Darüber Eischeiben legen, schwach salzen.
ungenstreifen und Spargelstücke mischen, auf die
ischeiben geben.
Öl mit Zitronensaft verrühren, mit Salz und Pfeffer
bschmecken, den Salat damit übergießen. Mit
wiebelringen und Dill bestreuen.

:W	Fett	KH	kcal/J
1 g	39 g	12 g	494/2068

2 EL Weinessig,
1 gepreßte Knoblauchzehe,
6 EL Öl,
3 EL Zitronensaft

TIP Eier-Tomaten-Salat
kann man mit frischem
Stangenweißbrot und
gesalzener Butter als
Vorspeise oder als Beilage
zu dünnen Kalbsschnitzeln
oder Filetsteaks reichen.

Eier-Cocktail

ier schälen, in Scheiben schneiden. Krabben
btropfen, im Elektromixer pürieren. Einige Krabben
um Garnieren zurücklassen. Sahne leicht schlagen,
Krabbenmasse daruntergeben, mit Senf, Salz, Pfeffer
nd Zucker pikant abschmecken. Salatblätter waschen,
btropfen. Vier Gläser damit auslegen. Salatsauce
orsichtig unter die Eischeiben heben, Eier-Cocktail in
die Gläser verteilen. Mit restlichen Krabben, in
Scheiben geschnittenen Cornichons und
ewaschenen, Petersiliensträußchen garnieren.

:W	Fett	KH	kcal/J
20 g	34 g	6 g	408/1707

8 hartgekochte Eier,
70 g Krabben (Dose),
1/4 l süße Sahne,
1 EL scharfer Senf,
je eine Prise Salz, Pfeffer
und Zucker,
einige Salatblätter,
2 - 3 Cornichons,
1/4 Bd. Petersilie

Bunter Eiersalat

ier schälen, in Scheiben schneiden.
Tomaten häuten, vierteln. Grünen Stielansatz
erausschneiden. Paprikaschoten waschen, putzen, in
dünne Streifen schneiden. Zwiebeln schälen, würfeln.
Oliven entsteinen. Alles mischen. Öl, Essig und Senf
errühren. Mit Salz, Pfeffer und Zucker pikant
bschmecken. Über den Eiersalat gießen. 25 Minuten
zugedeckt im Kühlschrank ziehen lassen.

:W	Fett	KH	kcal/J
10 g	24 g	12 g	299/1250

4 hartgekochte Eier,
250 g Tomaten,
2 grüne Paprikaschoten,
2 große Zwiebeln,
100 g schwarze Oliven,
3 EL Öl,
2 EL Essig,
1 TL Senf,
Salz,
Pfeffer,
Zucker

Norddeutscher Aalsalat

4 EL Mayonnaise,
4 EL Joghurt,
2 EL süße Sahne,
1 TL scharfer Senf,
1 Essiggurke,
1 kleine Zwiebel,
Salz,
weißer Pfeffer,
Saft von 1 Zitrone,
2 EL Kapern,
1 EL gemischte gehackte,
Kräuter,
5 hartgekochte Eier,
6 - 8 Salatblätter,
150 g Räucheraal

Mayonnaise mit Joghurt, Sahne und Senf verrühren.
Essiggurke klein würfeln, Zwiebel schälen,
kleinschneiden, beides unter die Salatsauce mischen.
Mit Salz und Pfeffer würzen. Zitronensaft und
1 1/2 EL Kapern unterrühren. Dann die gehackten
Kräuter zugeben.
Eier schälen, in gleichmäßige Scheiben schneiden.
Salatblätter waschen, abtropfen, trockenschleudern
und eine flache Salatschüssel damit auslegen.
Eierscheiben dachziegelartig darauf anrichten, dabei
immer Salatsauce dazwischengeben.
Aal häuten, von Gräten befreien, in mundgerechte
Stücke teilen, auf dem Eiersalat anrichten.
Mit restlichen Kapern bestreuen.

EW	Fett	KH	kcal/J
17 g	33 g	4 g	405/1692

Gemischter Salat mit Eierstich

:ier mit Sahne, Salz und Pfeffer verquirlen. Masse in
:inen Topf geben, diesen so lange in einen größeren
'opf mit kochendem Wasser stellen, bis die Masse
.estockt ist. Salat putzen, waschen, abtropfen.
3alatgurke schälen, würfeln. Champignons putzen,
/aschen, in dünne Scheiben schneiden. Paprikaschote
/aschen, Kerne und weiße Teile herausschneiden,
/ürfeln. Fertigen Eierstich vorsichtig aus dem Topf
ösen, stürzen, in Streifen schneiden, abkühlen lassen.
\us Essig, Öl und Kräutern eine Marinade rühren.
3alatschüssel mit Salatblättern auslegen, restliche
3alatblätter in Streifen schneiden, in die Mitte geben,
darauf Champignons, Gurken und Paprikawürfel
'erteilen. Eierstichstreifen obenauf geben, vorsichtig
ocker durchheben. Marinade darüberträufeln.

3 Eier,
1 EL süße Sahne,
Salz,
Pfeffer,
1/2 Kopfsalat,
1/4 Salatgurke,
75 g Champignons,
1/2 rote Paprikaschote,
1 EL Essig,
2 EL Öl,
je 1/2 EL gehackte Petersilie
und Schnittlauch

EW	Fett	KH	kcal/J
7 g	14 g	2 g	160/667

Löwenzahn-Käse-Salat

100 g Löwenzahn,
1 rote Paprikaschote,
1 gelbe Paprikaschote,
300 g Emmentaler,
150 g gekochtes Rindfleisch,
1 Schalotte
Für die Sauce:
3 EL Rotweinessig,
Salz,
Pfeffer,
1/2 TL Senf,
Worcestershiresauce,
3 Blätter Bärlauch,
6 EL Sonnenblumenöl

Löwenzahnblätter waschen, trockenschütteln.
Paprikaschoten entkernen, von den weißen
Innenhäuten befreien, klein würfeln.
Käse klein würfeln.
Rindfleisch in feine Scheiben schneiden.
Schalotte schälen, fein hacken.
Essig, Salz, Pfeffer, Senf, Worcestershiresauce,
Bärlauch und Öl für die Salatsauce verrühren.
Schalottenwürfel dazugeben.
Löwenzahn, Paprika, Käse und Rindfleisch auf Tellern
anrichten, mit der Sauce beträufeln.

EW	Fett	KH	kcal/J
30 g	41 g	6 g	520/2180

Bunter Käsesalat

Braten, Käse und Essiggurken würfeln.
Zwiebel und Knoblauchzehe schälen und hacken. Apfel
vierteln, schälen, vom Kernhaus befreien, würfeln.
Radieschen in Scheiben, Tomate in keine Stücke
schneiden.
Vorbereitete Zutaten locker mischen.
Saure Sahne mit Mayonnaise, Senf und Essig
verrühren.
Mit Salz, Pfeffer und Zucker würzen.
Schnittlauch in Röllchen schneiden, unterrühren.
Sauce über den Salat geben, alles vorsichtig mischen.

EW	Fett	KH	kcal/J
24 g	45 g	10 g	553/2315

200 g kalter Braten,
250 g Butterkäse,
2 Essiggurken,
1 Gemüsezwiebel,
1 Knoblauchzehe,
1 Apfel,
1 Bd. Radieschen,
1 Fleischtomate,
200 g saure Sahne,
2 EL Mayonnaise,
1 EL scharfer Senf,
1 EL Essig,
Salz,
Pfeffer,
1 Prise Zucker,
2 Bd. Schnittlauch

KÄSESALATE

Käsesalat Waldorf

3 Sellerieknollen,
3 saure Äpfel,
Saft von 1/2 Zitrone,
150 g Emmentaler,
125 g Walnußkerne,
100 g Mayonnaise,
3 EL Joghurt,
1 EL Tomatenketchup,
Salz,
weißer Pfeffer,
3 Tomaten

Sellerieknollen schälen, waschen, in feine Streifen schneiden. Äpfel schälen, in Streifen schneiden. In eine Schüssel geben. Mit Zitronensaft beträufeln, mischen. Käse in schmale Streifen schneiden. Walnußkerne (12 zum Garnieren zurücklassen) hacken, beides in die Salatzutaten mischen. Mayonnaise mit Joghurt und Tomatenketchup verrühren. Mit Salz und Pfeffer würzen. Über die Salatzutaten gießen und gut mischen. 30 Minuten zugedeckt im Kühlschrank ziehen lassen. Salat abschmecken, in einer Glasschüssel anrichten. Tomaten waschen, vierteln. Salat mit Tomatenvierteln und übrigen Walnußkernen garniert servieren.

EW	Fett	KH	kcal/J
18 g	52 g	12 g	629/2633

Tessiner Käsesalat

300 g Gorgonzola,
2 Orangen,
2 Gewürzgurken,
5 EL Öl,
3 EL Essig,
Salz,
weißer Pfeffer,
1 Bd. Dill,
8 Kapern,
1/2 Kopfsalat,
12 Sardellenfilets auf Kapern gerollt

Gorgonzola zerbröckeln. Orangen schälen, in Scheiben teilen, Haut abziehen. Orangen und Gewürzgurken fein würfeln. Alles in einer Schüssel mischen. Öl, Essig, Salz und Pfeffer verrühren. Dill waschen, trockentupfen und kleinschneiden. Mit gehackten Kapern in die Marinade geben, abschmecken. Marinade über den Salat gießen, mischen und 30 Minuten zugedeckt im Kühlschrank ziehen lassen. Kopfsalat zerpflücken, waschen, trockenschwenken. Eine Glasschüssel damit auslegen. Käsesalat einfüllen. Mit gerollten Sardellenfilets garniert servieren.

EW	Fett	KH	kcal/J
54 g	47 g	11 g	682/2852

Käsesalat mit Früchten

Salat putzen, waschen, abtropfen. Käse würfeln. Äpfel
waschen, schälen, vierteln, entkernen und in feine
Scheiben schneiden.
Ananas in Stücke teilen, Weintrauben halbieren,
entkernen.
Joghurt mit Zitronensaft, Salz, Pfeffer, Zucker und
Cayennepfeffer verrühren.
Obst und Käse mit der Sauce mischen, zugedeckt etwa
30 Minuten ziehen lassen.
Salat nochmals abschmecken. Auf den Salatblättern
anrichten und sofort servieren.

1 Kopfsalat,
125 g Tilsiter,
250 g säuerliche Äpfel
(z. B. Boscop),
2 Scheiben Ananas,
150 g Weintrauben,
75 g Joghurt,
Saft von 1 Zitrone,
Salz,
weißer Pfeffer,
1 Prise Zucker,
Cayennepfeffer

EW	Fett	KH	kcal/J
10 g	10 g	25 g	233/974

Spargel-Orangen-Salat

300 g weißer Spargel,
200 g grüner Spargel,
Zucker,
Salz,
1 TL Butter,
2 süße Orangen,
1 Eigelb,
weißer Pfeffer,
1/4 TL scharfer Senf,
8 EL Öl,
3 EL Crème fraîche,
2 EL Orangensaft,
1 TL Zitronensaft,
3 Tropfen Tabascosauce

Beide Spargelsorten waschen, schälen, in 5 cm lange Stücke schneiden und mit 1 Prise Zucker, Salz und Butter zugedeckt 10 Minuten kochen lassen. Abgießen und abkühlen lassen. Orangen schälen, Fruchtfleisch aus den Trennhäuten lösen. Einige Spargelspitzen zum Garnieren beiseite legen, übrigen Spargel mit Orangenspalten mischen. Eigelb mit Senf und 1 Prise Salz verrühren, unter ständigem Schlagen Öl einlaufen lassen, bis eine dicke Mayonnaise entsteht. Mit Crème fraîche, Orangen- und Zitronensaft verrühren, mit Salz, Pfeffer, Zucker und Tabasco würzen. Sauce unter den Salat ziehen, 10 Minuten im Kühlschrank durchziehen lassen, dann anrichten, mit Spargelspitzen garnieren.

EW	Fett	KH	kcal/J
4 g	38 g	13 g	407/1701

Blumenkohlsalat

Blumenkohl putzen, waschen, in Röschen teilen, in Salzwasser in 15 - 20 Minuten bißfest kochen. Feldsalat verlesen, waschen, trockenschleudern. Tomaten waschen, trocknen und in Achtel schneiden. Butter erhitzen und die Mandelstifte darin rösten. Aus Essig, Salz, Curry und Öl eine Marinade zubereiten, anschließend Joghurt unterrühren. Marinade über Blumenkohlröschen und Tomaten gießen, vermischen, 15 Minuten durchziehen lassen. Dann den Feldsalat untermengen und mit Schnittlauch und Mandelstiften garniert servieren.

1 Blumenkohl,
Salz,
100 g Feldsalat,
2 Tomaten,
1 TL Butter,
2 EL Mandelstifte,
2 EL Essig,
1/2 TL Currypulver,
4 EL Öl,
3 EL Joghurt,
1 EL gehackter Schnittlauch

EW	Fett	KH	kcal/J
5 g	22 g	8 g	259/1083

Blumenkohlsalat bunt

1 kleiner Blumenkohl,
1/4 l Milch,
Salz,
weißer Pfeffer,
Paprika, edelsüß,
1 Prise Zucker,
1 Dose Erbsen und Möhren,
1 Zwiebel,
1/2 Knoblauchzehe,
1/2 Bd. Schnittlauch,
1 EL Essig,
1 Beutel Mayonnaise,
1/2 Becher Joghurt,
je 1 TL gehackte Petersilie,
Kerbel und Dill

Blumenkohl in Röschen teilen. Mit etwas Wasser und Milch, Salz, Pfeffer, 1 TL Paprika und Zucker in 15 Minuten bißfest kochen.
Erbsen und Möhren zugeben, erhitzen. Auf einem Sieb abtropfen, abkühlen lassen.
Zwiebel schälen, würfeln, Knoblauchzehe schälen, mit etwas Salz zerdrücken.
Mit gehacktem Schnittlauch, Essig, Mayonnaise und Joghurt mischen.
Mit Salz und Paprika würzen.
Mit den Kräutern über das Gemüse geben und mischen.

EW	Fett	KH	kcal/J
10 g	54 g	26 g	623/2608

Blumenkohlsalat mit Kresse

1 mittelgroßer Blumenkohl,
Salz,
2 EL Öl,
3 EL Essig,
weißer Pfeffer,
1 Prise Muskatnuß,
125 g Kresse,
1 Bd. gehackter Schnittlauch

Blumenkohl putzen, in Röschen teilen.
In leicht gesalzenem Wasser in 15 Minuten bißfest kochen.
Abtropfen und abkühlen lassen.
Aus Öl, Essig, Salz, Pfeffer und Muskatnuß eine Marinade rühren.
Kresse waschen, abtropfen, mit Schnittlauch in die Marinade geben.
Blumenkohl in einer Schüssel anrichten.
Salatsauce darüber verteilen.
20 Minuten ziehen lassen.

EW	Fett	KH	kcal/J
42 g	6 g	6 g	91/379

Linsensalat mit Entenbrust

Linsen in Gemüsebrühe bei mittlerer Hitze 10 Minuten kochen, abgießen, kalt abspülen, abtropfen. Fettseite der Entenbrust einritzen, salzen und pfeffern. Entenbrüste mit der Fettseite nach unten in eine erhitzte Pfanne legen. Wenn das Fett ausgetreten ist, Entenbrüste von der anderen Seite anbraten. Auf jeder Seite ca. 4 Minuten braten, dann in Alufolie einwickeln, 5 Minuten ruhen lassen. Tilsiter grob raspeln, Friséesalat putzen, waschen, trockentupfen, mit Käse und Linsen auf Tellern anrichten. Für die Salatsauce Essig mit Salz, Pfeffer, Senf und Öl verrühren, über den Salat geben. Entenbrust in Scheiben schneiden und dazulegen.

50 g rote Linsen,
300 ml Gemüsebrühe,
2 kleine Entenbrüste,
Salz,
Pfeffer,
150 g Tilsiter,
etwas Friséesalat,
3 EL Rotweinessig,
1 TL Senf,
6 EL Öl

EW	Fett	KH	kcal/J
25 g	41 g	7 g	500/2100

Artischockensalat

6 Artischocken,
Salz,
3 Tomaten,
1 grüne Paprikaschote,
1 zerdrückte
Knoblauchzehe,
Pfeffer,
1/2 Tasse Olivenöl,
2 EL Essig,
1 Prise Zucker

Artischocken waschen, obere Spitzen wegschneiden. In stark gesalzenem Wasser 35 Minuten kochen. Blätter abzupfen, unteren eßbaren Teil abstreifen. Böden in feine Streifen schneiden. Tomaten waschen, in Scheiben schneiden. Paprikaschote waschen, putzen, würfeln. Knoblauchzehe mit dem Gemüse mischen, pfeffern. Olivenöl mit Essig und Zucker mischen. Über den Salat gießen, alles vermengen.

EW	Fett	KH	kcal/J
5 g	15 g	24 g	252/1052

Zwiebelsalat

500 g sehr kleine Zwiebeln,
Salz,
Saft von 1/2 Zitrone,
2 EL saure Sahne,
3 EL Weinessig, 4 EL Öl,
1/2 TL Senf,
Salz, weißer Pfeffer,
1 Prise Zucker,
2 Tomaten,
1/2 Bd. Petersilie

Zwiebeln schälen, 1 l Salzwasser und Zitronensaft in einem Topf aufkochen, Zwiebeln darin 2 Minuten kochen. Saure Sahne mit Essig, Öl und Senf verrühren. Mit Salz, Pfeffer und Zucker abschmecken. Zwiebeln dazugeben. Zugedeckt 20 Minuten ziehen lassen; anrichten. Zwiebelsalat mit geviertelten, entstielten Tomaten und Petersilie garnieren.

EW	Fett	KH	kcal/J
3 g	11 g	15 g	168/702

Lauwarmer Spargelsalat (Abb. S. 53)

1 kg grüner Spargel,
Salz, 1 Prise Zucker,
10 g Butter,
1 EL Rotweinessig,
2 EL Nußöl,
2 EL Sonnenblumenöl,
1 fein gehackte Schalotte,
1/2 Bd. gehackter
Schnittlauch,
150 g Emmentaler, in dünne
Scheiben geschnitten,
100 g gekochte Garnelen

Spargel waschen, schälen, und mit Küchengarn zusammenschnüren. Reichlich Salzwasser mit Zucker und Butter aufkochen. Spargel 10 - 15 Minuten garen. Für den Salat die Spitzen abschneiden, restliche Stangen anderweitig verwenden. Essig, Öl, Schalotte und Schnittlauch verrühren, mit Gewürzen abschmecken. Emmentaler, Spargel und Garnelen auf Tellern anrichten, mit der Marinade beträufeln.

EW	Fett	KH	kcal/J
19 g	22 g	8 g	310/1300

Bunter Kartoffelsalat

750 g Salatkartoffeln,
1/8 l Fleischbrühe,
150 g durchwachsener
Speck,
2 Zwiebeln,
1/2 Gurke,
1 Bd. Radieschen,
4 Tomaten,
4 EL Mayonnaise,
4 EL saure Sahne,
Salz, 1 Prise Zucker,
Cayennepfeffer

In Scheiben geschnittene Pellkartoffeln mit heißer Fleischbrühe übergießen, abkühlen lassen. Speck fein würfeln, auslassen. Zwiebeln schälen, im Speck glasig braten. Unter die Kartoffeln heben. Gurke und Radieschen in Scheiben schneiden, Tomaten achteln, alles mit den Kartoffeln mischen. Aus Mayonnaise und saurer Sahne eine Sauce rühren, mit Gewürzen abschmecken. Salat mit der Sauce mischen, 15 - 20 Minuten durchziehen lassen.

EW	Fett	KH	kcal/J
6 g	48 g	32 g	602/2520

Südtiroler Kartoffelsalat

Kartoffeln waschen. Mit Wasser bedeckt 30 Minuten zugedeckt kochen. Speck fein würfeln. In einer Pfanne hellbraun braten. Schinken vom Fett befreien und würfeln. Gewürzgurken würfeln. Gurken- und Schinkenwürfel mit ausgelassenem Speckfett und -grieben mischen. Kartoffeln abgießen, abschrecken, sofort schälen. In dünne Scheiben schneiden und dazugeben. Mit heißer Fleischbrühe übergießen. 10 Minuten zugedeckt ziehen lassen. Öl und Essig verrühren. Mit Salz und Pfeffer abschmecken. Über den Salat gießen. Endiviensalat putzen, waschen, abtropfen. In feine Streifen schneiden. Vorsichtig unter den Salat heben. Sofort servieren.

750 g Kartoffeln,
200 g durchwachsener
Speck,
150 g gekochter Schinken,
2 Gewürzgurken,
1/4 l heiße Fleischbrühe,
4 EL Öl,
2 EL Weinessig,
Salz,
weißer Pfeffer,
1/2 Kopf Endiviensalat

EW	Fett	KH	kcal/J
51 g	56 g	35 g	868/3633

Pariser Kartoffelsalat

Pellkartoffeln schälen, in Scheiben schneiden. Mit Salz und Pfeffer bestreuen. Wein und Öl darübergießen, vorsichtig mischen. Radieschen waschen, in hauchdünne Scheiben schneiden. Auf die Kartoffeln legen, mit etwas Salz bestreuen. Pökelzunge abtrocknen, enthäuten, zuerst in Scheiben, dann in Streifen schneiden. Zusammen mit abgetropften Erbsen unter die Kartoffeln mengen. Mayonnaise mit saurer Sahne und Eigelb verrühren. Über den Salat gießen, vorsichtig mischen. 15 Minuten durchziehen lassen.

1 kg Pellkartoffeln,
Salz,
Pfeffer,
6 EL herber Weißwein,
4 EL Öl,
2 Bd. Radieschen,
300 g gekochte Pökelzunge
(fertig gekauft),
8 EL extrafeine Erbsen
(Dose),
8 EL saure Sahne,
1 Eigelb

EW	Fett	KH	kcal/J
63 g	36 g	12 g	453/1895

Kartoffelsalat mit Eiern

750 g Salatkartoffeln,
2 Zwiebeln,
Salz,
1 Stück Gurke,
2 Tomaten,
1 Bd. Petersilie,
1/4 l heiße Fleischbrühe,
1 EL scharfer Senf,
4 EL Essig,
Pfeffer,
5 EL Öl,
2 hartgekochte Eier

Kartoffeln als Pellkartoffeln garen. Wasser abgießen, Kartoffeln etwas audämpfen lassen; schälen, in ca. 3 mm dicke Scheiben schneiden.
Zwiebeln schälen, fein würfeln. Zu den Kartoffeln geben, leicht salzen. Gurke waschen, mit der Schale in dünne Scheiben hobeln. Tomaten waschen, achteln. Petersilie waschen, trockenschwenken, fein hacken. Salatzutaten mischen. Fleischbrühe mit Senf, Essig, etwas Salz, Pfeffer und Öl verrühren. Sauce über den Kartoffelsalat gießen, vorsichtig untermengen.
Eier schälen, achteln, Salat damit garnieren.

EW	Fett	KH	kcal/J
8 g	22 g	33 g	365/1526

Nizzaer Salat

Kartoffeln waschen, in der Schale kochen. Heiß schälen, auskühlen lassen, in nicht zu dünne Scheiben schneiden.
Bohnen nach Vorschrift garen; Sardellenfilets unter fließendem Wasser gründlich abspülen, trockentupfen. Tomaten häuten, achteln, dabei Stielansätze entfernen. Oliven in Scheiben schneiden. Zwiebeln schälen, fein hacken.
Salatzutaten mit Kapern mischen. Senf mit Essig, Salz, Pfeffer und Zucker verrühren. Olivenöl unterschlagen. Sauce über den Salat gießen. Mit Weißbrot servieren.

400 g Salatkartoffeln,
300 g Bohnen (tiefgekühlt),
1 kleines Glas
Sardellenfilets,
2 Tomaten,
200 g gefüllte Oliven,
1 Zwiebel,
3 EL Kapern,
1 TL Kräutersenf,
3 EL Essig,
Salz,
Pfeffer,
Zucker,
5 EL Olivenöl

EW	Fett	KH	kcal/J
5 g	25 g	22 g	332/1389

Bunter Kartoffel-Mais-Salat

1 Dose Mais (etwa 250 g),
400 g gekochte Kartoffeln,
1 rote, 1 gelbe
Paprikaschote,
1 Zwiebel, 2 harte Eier,
2 Gewürzgurken,
150 g gekochtes Rindfleisch,
2 EL Mayonnaise,
3 EL saure Sahne,
2 EL Tomatenketchup,
1 - 2 EL Essig,
Salz, Zucker,
weißer Pfeffer,
Paprika, edelsüß, Curry,
Worcester- ,Tabascosauce,
1 Knoblauchzehe,
1 EL Kapern, Petersilie

Mais abtropfen lassen.
Kartoffeln pellen, Paprikaschoten putzen, Zwiebeln schälen.
Gesamtes Gemüse würfeln.
Eier, Gurken und Fleisch fein würfeln.
Mayonnaise mit saurer Sahne, Ketchup und Essig verrühren.
Mit Salz, Zucker, Pfeffer, Paprika, Worcestersauce und Tabasco würzen.
Zutaten mit zerdrücktem Knoblauch, Kapern und 2 EL gehackter Petersilie mischen, 1 - 2 Stunden durchziehen lassen.

EW	Fett	KH	kcal/J
17 g	14 g	37 g	348/1455

Frühkartoffel-Cocktail

400 g in der Schale gekochte
Frühkartoffeln,
3 hartgekochte Eier,
1/2 Glas Tomatenpaprika,
1 Dose Sellerie,
1 Dose Krabben,
4 EL Öl,
3 EL Essig,
Salz,
Zucker,
Cayennepfeffer,
1/2 Bd. gehackte Petersilie,
1 EL deutscher Kaviar

Kartoffeln und Eier schälen. Kartoffeln in Streifen, Eier in Scheiben schneiden.
Tomatenpaprika, Sellerie und Krabben gut abtropfen lassen.
Tomatenpaprika würfeln, Sellerie in Streifen schneiden.
Alle Zutaten in einer Schüssel mischen.
Öl, Essig, Salz, Zucker und Cayennepfeffer gut verrühren.
Petersilie dazugeben.
Über den Cocktail gießen.
30 Minuten in den Kühlschrank stellen. Vor dem Servieren mit Kaviar bestreuen.

EW	Fett	KH	kcal/J
51 g	56 g	35 g	868/3633

Kartoffelsalat mit Spargel

orcheln in 1/8 l lauwarmem Wasser 5 - 6 Stunden
uellen lassen. Wasser durchsieben, Morcheln
ospülen. Kartoffeln mit Schale kochen, Spargel von
olzigen Enden befreien, unteres Drittel schälen.
tangen schräg in 3 cm lange Stücke schneiden, im
alzwasser in 3 - 4 Minuten bißfest kochen,
oschrecken, abtropfen. Kartoffeln heiß pellen,
albieren, mit Morchelwasser, etwas Spargelwasser
nd 2 EL Essig vermischen. Restlichen Essig mit
herry, etwas Senf, Sojasauce, Salz, Zucker, Pfeffer
nd Öl verschlagen, mit Spargel, Morcheln, zwei Drittel
er Kräuter und Frühlingszwiebeln unter die
ogekühlten Kartoffeln heben, 1 Stunde ziehen lassen.
raten in Streifen schneiden, unterheben, Salat mit
estlichen Kräutern garnieren.

W	Fett	KH	kcal/J
4 g	19 g	24 g	328/1371

10 g getrocknete
Spitzmorcheln,
500 g kleine festkochende
Kartoffeln,
500 g grüner Spargel,
Salz,
4 EL Weißweinessig,
1 EL Sherry,
Senf,
1 TL Sojasauce,
Zucker,
weißer Pfeffer,
5 EL Öl,
1 EL gehackter Estragon,
1 Handvoll Kerbel,
2 gehackte
Frühlingszwiebeln,
175 g Kalbsbraten

Nudel-Käse-Salat

250 g bunte Nudeln,
1 EL Öl, Salz,
100 g Gouda, 100 g Edamer,
150 g Lachsschinken,
1 Gewürzgurke,
2 rote Paprikaschoten,
3 Frühlingszwiebeln,
1 Bd. Petersilie,
200 g Crème fraîche,

Nudeln in reichlich, mit Öl vermischtem Salzwasser in
10 - 12 Minuten bißfest kochen, abgießen,
abschrecken, abtropfen.
Käse und Schinken in Stifte schneiden.
Gurke würfeln, Paprikaschoten putzen, klein würfeln,
Frühlingszwiebeln putzen, in Ringe schneiden.
Petersilie waschen, trockenschütteln, hacken.
Crème fraîche mit Mayonnaise verrühren, mit
Zitronensaft, Salz, Pfeffer und Zucker abschmecken.

lles mischen und 30 Minuten durchziehen lassen.

EW	Fett	KH	kcal/J
0 g	48 g	56 g	780/3262

2 EL Mayonnaise,
Zitronensaft,
Pfeffer,
1 Prise Zucker

Dänischer Nudelsalat

Judeln in leicht gesalzenem Wasser bißfest kochen.
bschrecken, abtropfen lassen. Erbsen und Möhren
ach Packungsvorschrift garen, abtropfen und
uskühlen lassen. Spargelstücke abtropfen. Wenn
ötig, schälen. Fleischwurst häuten, würfeln. Alles
iiteinander mischen, Mayonnaise mit Dosenmilch
errühren. Mit Pfeffer, Salz und Zucker würzen. Mit
Essig abschmecken. Petersilie waschen, hacken. Dill
vaschen, einen Zweig zum Garnieren abnehmen, Rest
iacken. Mit Petersilie unter die Marinade mischen.
Marinade über den Salat gießen, mischen, ziehen
assen. Vor dem Anrichten mit Salz und Pfeffer
abschmecken. Schüssel mit Salatblättern auslegen.
Nudelsalat hineingeben, mit einem Dillzweig garnieren.

375 g Hörnchennudeln,
Salz,
1 Packung Erbsen und
Möhren (tiefgekühlt),
1 kleine Dose Spargelstücke,
250 g Fleischwurst,
100 g Mayonnaise,
3 EL Dosenmilch,
weißer Pfeffer, Salz,
1 Prise Zucker,
1 EL Kräuteressig,
1 Bd. Petersilie,
1 Bd. Dill,
einige Salatblätter

EW	Fett	KH	kcal/J
25 g	41 g	92 g	806/3372

Flämischer Nudelsalat

Judeln in 2 l kochendes Salzwasser geben; in
5 Minuten gar kochen; abtropfen und abschrecken.
Gekochten Schinken in Scheiben schneiden. Kürbis
klein würfeln. Salatgurke waschen, ungeschält in
Scheiben schneiden. Diese Zutaten mit Essig und
Pfeffer mischen. Nudeln unterheben. 30 Minuten
ziehen lassen. Mayonnaise mit Sahne und Zitronensaft
gut verrühren. Mit Salz, Pfeffer, Muskat und Ingwer
würzen. Marinade kurz vor dem Servieren
darübergießen. Mit gewaschener Kresse servieren.

200 g Bandnudeln,
Salz,
200 g gekochter Schinken,
2 Tassen süßsauer
eingelegter Kürbis,
1/2 Salatgurke,
2 EL Essig, weißer Pfeffer,
100 g Mayonnaise,
5 EL süße Sahne,
1 EL Zitronensaft,
1 Prise geriebene
Muskatnuß,
1 kräftige Prise Ingwer,
1 Kästchen Kresse

EW	Fett	KH	kcal/J
20 g	36 g	43 g	578/2416

Spaghettisalat

250 g Spaghetti,
6 EL Olivenöl,
Salz,
1 Dose Thunfisch in Öl,
200 g Champignons,
1 Dose Muscheln in
pikanter Sauce,
1 EL Kapern,
1 Bd. gemischte gehackte
Kräuter,
1 Eigelb,
2 EL Essig,
2 hartgekochte Eier,
2 Tomaten

Spaghetti einmal brechen, in reichlich, mit 1 EL Öl
vermischtem Salzwasser in 10 Minuten bißfest kochen,
kalt abschrecken, abtropfen. Thunfisch, Champignons
und Muscheln abtropfen, dabei Muschelsauce
auffangen. Thunfisch in mundgerechte Stücke teilen,
Champignons vierteln. Mit Muscheln, Kapern und
Kräutern unter die Spaghetti heben.
Eigelb mit Essig verquirlen, nach und nach 5 EL Öl und
beliebig viel Muschelsauce einlaufen lassen.
Sauce unter den Salat heben. Eier schälen, mit den
Tomaten achteln, Salat damit garnieren.

EW	Fett	KH	kcal/J
23 g	33 g	46 g	582/2436

Nudel-Kräuter-Salat

Nudeln in Salzwasser bißfest kochen, abschrecken und abtropfen.
Würstchen und Radieschen in Scheiben, Lauch und Zwiebel ohne Schale in feine Ringe schneiden.
Äpfel schälen, entkernen, in Schnitze teilen, mit etwas Zitronensaft beträufeln.
Petersilie, Dill und Schnittlauch fein hacken.
Vorbereitete Zutaten mit etwa der Hälfte der Kräuter mischen.
Joghurt mit Sahne, Ketchup und restlichem Zitronensaft verrühren, würzen, Kräuter unterheben und kurz durchziehen lassen.

250 g Hörnchennudeln,
Salz,
2 Paar Wiener Würstchen,
1 Bd. Radieschen,
2 Stangen Lauch,
1 Zwiebel,
2 Äpfel,
Saft von 1 Zitrone,
1 Bd. Petersilie,
1/2 Bd. Dill,
1/2 Bd. Schnittlauch,
1 Kästchen Kresse,
150 g Joghurt,
5 EL süße Sahne,
weißer Pfeffer, Zucker,
1 EL Ketchup, Currypulver,
Worcestersauce

EW	Fett	KH	kcal/J
18 g	20 g	64 g	517/2161

Nudelsalat mit Eiern

Salz,
250 g Hörnchennudeln,
4 hartgekochte Eier,
2 Äpfel,
4 Tomaten,
250 g Fleischwurst,
2 Gewürzgurken,
1 Becher Joghurt,
50 g Mayonnaise,
3 EL Dosenmilch,
Saft von 1 Zitrone,
weißer Pfeffer,
1 Spritzer Worcestersauce,
1 Msp. Paprika, edelsüß,
1/2 Bd. Petersilie

2 l Salzwasser aufkochen. Nudeln hineingeben, 20 Minuten bei mittlerer Hitze darin garen. Eier und Äpfel schälen. Eier in Scheiben schneiden, Äpfel würfeln. In eine Schüssel geben. Tomaten häuten, achteln und Stielansätze herausschneiden. Fleischwurst häuten, in Streifen schneiden. Gewürzgurken längs halbieren, würfeln. Mit Fleischwurst und Tomaten in die Schüssel geben. Nudeln abschrecken, abtropfen und erkalten lassen. Joghurt mit Mayonnaise und Dosenmilch verquirlen. Mit Zitronensaft, Salz, Pfeffer, Worcestersauce und Paprika würzen. Alle Zutaten in die Marinade geben und vorsichtig mischen. Zugedeckt 20 Minuten kühl stellen. Petersilie waschen, trockentupfen und fein hacken. Salat mit Petersilie garniert servieren.

EW	Fett	KH	kcal/J
27 g	40 g	67 g	707/2959

Bologneser Nudelsalat

250 g grüne Nudeln,
Salz,
1 rote Paprikaschote,
250 g Schinken,
70 g Salami,
1 große Gewürzgurke,
Saft von 1 Zitrone,
2 EL Öl,
Salz,
Pfeffer

Nudeln in kochendes Salzwasser geben, sofort umrühren. In 10 Minuten bißfest kochen; abschrecken, abkühlen lassen. Paprikaschote waschen, in Streifen schneiden. Schinken, Salami und Gurke in Streifen schneiden. Alles miteinander mischen. Aus Zitronensaft, Öl, Salz und Pfeffer eine Marinade rühren. Auf die Nudelmischung geben, unterheben. 2 Stunden ziehen lassen.

EW	Fett	KH	kcal/J
22 g	37 g	47 g	616/2576

Bunter Nudelsalat „Summertime"

udeln nach Packungsvorschrift garen, abtropfen.
leischwurst und Emmentaler in Stifte schneiden.
nanas abtropfen, in Stücke schneiden. Erbsen und
löhren abtropfen. Tomaten waschen, halbieren.
lle Zutaten unter die Nudeln mengen. Öl mit Crème
aîche, Essig und Kräutern verrühren, mit Salz und
feffer abschmecken, über die Salatzutaten geben,
nischen. 2 Stunden durchziehen lassen.

:W	Fett	KH	kcal/J
8 g	26 g	69 g	600/2505

200 g Nudeln,
75 g Fleischwurst,
50 g Emmentaler,
1 Dose Ananas in Scheiben
(425 ml),
1 Glas Erbsen und Möhren
(330 g),
20 Cocktailtomaten,
4 EL Öl, 2 EL Crème fraîche,
1 - 2 EL Essig,
2 EL gem. gehackte Kräuter,
Kräutersalz, weißer Pfeffer

Bananen-Reis-Salat

1 kleine Tasse Patnareis,
Salz,
125 g Erbsen (tiefgekühlt),
3 Bananen,
100 g gekochter Schinken,
125 g Sellerie,
2 EL Quark,
1 Päckchen Mayonnaise,
1 TL Senf,
1 Prise Zucker,
1 TL Zitronensaft,
1 EL Milch,
1 gehäufter TL Curry

Reis waschen, in kochendem Salzwasser 12 - 15 Minuten sprudelnd kochen lassen, in ein Sieb geben. Mit kaltem Wasser abschrecken, abkühlen. Erbsen in wenig Wasser 8 Minuten garen, abkühlen. Bananen schälen, längs halbieren, in Scheiben schneiden. Schinken in Streifen schneiden. Sellerie schälen, fein raspeln. Quark glattrühren, Mayonnaise und Senf dazugeben. Mit Salz, Zucker und Zitronensaft würzen. Wenn nötig, Milch hineinrühren. Mit Curry abschmecken. Reis, Erbsen, Bananen, Schinken und Sellerie mischen. Mayonnaise zum Schluß darübergeben und unterheben.

EW	Fett	KH	kcal/J
10 g	9 g	48 g	313/1311

Reissalat „California" (Abb. S. 67)

1 EL Rosinen,
2 EL Rum,
200 g Langkornreis,
1/2 l Fleischbrühe,
1 gelbe Paprikaschote,
1 rote Paprikaschote,
100 g gekochter Schinken,
100 g gegarte Hähnchenfleischreste,
1 Birne, 1 Apfel,
1 EL Pistazien,
3 - 4 EL Essig,
Salz,
1 TL Worcestersauce,
3 EL Orangensaft,
6 EL Öl

Rosinen mit Rum übergießen. Reis in Fleischbrühe aufkochen, zugedeckt bei milder Hitze in 20 Minuten ausquellen lassen. Abkühlen lassen, dabei öfters umrühren. Paprikaschoten waschen, putzen, ebenso wie den Schinken fein würfeln. Hähnchenfleisch grob würfeln. Birne und Apfel schälen, vierteln, entkernen und grob würfeln. Alles mischen, Rosinen mit Flüssigkeit und Pistazien dazugeben. Aus Essig, Salz, Worcestersauce, Orangensaft und Öl eine Sauce rühren, unter den Salat heben. 10 Minuten durchziehen lassen.

EW	Fett	KH	kcal/J
17 g	31 g	56 g	595/2491

Reissalat mit Schinken und Käse

130 g Langkornreis,
Salz,
2 Äpfel,
1 Zwiebel,
2 grüne Paprikaschoten,
200 g gekochter Schinken,
200 g Gouda oder Edamer,
1 Bd. Petersilie,
2 EL Weinessig,
weißer Pfeffer,
1 TL Senf,
4 EL Öl,
2 Tomaten,
1 hartgekochtes Ei

Reis waschen, in kochendem Salzwasser 20 Minuten zugedeckt quellen lassen. Auf einem Sieb abtropfen, abschrecken und abkühlen lassen. Äpfel entkernen, Zwiebel schälen, beides fein würfeln. Paprikaschoten waschen, putzen, in feine Streifen schneiden. Schinken und Käse in Streifen schneiden. Petersilie abbrausen und hacken (einige Stengel zum Garnieren zurücklassen). Alles mit Reis mischen. Essig mit Salz, Pfeffer, Senf und Öl verrühren. Über den Salat gießen. Salat 1 Stunde durchziehen lassen. Gut mischen und nachwürzen. In eine Glasschüssel füllen. Tomaten waschen, Ei schälen, beides in Scheiben schneiden. Salat mit Tomaten, Eischeiben und Petersilie garniert servieren.

EW	Fett	KH	kcal/J
29 g	38 g	37 g	612/2560

Mandarinen-Reis-Salat

100 g Langkornreis,
Salz,
2 Gewürzgurken,
1 Dose Mandarin-Orangen,
150 g magerer gekochter Schinken,
4 EL Mandarin-Orangensaft,
2 Tropfen Tabascosauce,
1 Msp. Paprika, rosenscharf,
1 Msp. Curry,
1 Msp. Zucker

Reis waschen, abtropfen. In 3/4 l kochendes, leicht gesalzenes Wasser streuen. Bei kleiner Hitze 20 Minuten quellen lassen. Gewürzgurken schälen, würfeln. Mandarin-Orangen abtropfen, halbieren. Schinken in Würfel schneiden. Reis auf einem Sieb abschrecken, abkühlen lassen. Gurkenwürfel, Mandarin-Orangen und Schinkenwürfel mischen. Mit Mandarin-Orangensaft, Tabascosauce, Paprika, Curry, Salz und Zucker würzen. Reis dazugeben, gut mischen. Zugedeckt im Kühlschrank 20 Minuten durchziehen lassen.

EW	Fett	KH	kcal/J
10 g	5 g	33 g	226/943

Reissalat mit Thunfisch

Reis und Erbsen getrennt nach Packungsvorschrift kochen, abtropfen und abkühlen lassen.
Thunfisch abtropfen.
Eier grob, Zwiebel fein würfeln.
Sardellenpaste mit Essig und Sherry verrühren.
Öl, Pfeffer, Tabascosauce, Salz und Thunfischöl darunterschlagen.
Knoblauch, Kapern und Schnittlauchröllchen untermengen, alle vorbereiteten Zutaten hineingeben.
Zugedeckt 30 Minuten ziehen lassen; gehäutete, entkernte und gewürfelte Tomaten locker unterheben.

EW	Fett	KH	kcal/J
18 g	29 g	47 g	537/2246

200 g Parboiled Reis,
150 g Erbsen (tiefgekühlt),
150 g Thunfisch (Dose),
2 hartgekochte Eier,
1 Zwiebel,
1/2 TL Sardellenpaste,
3 EL Essig,
1 EL Sherry,
5 EL Öl,
weißer Pfeffer,
Tabascosauce,
Salz,
2 gepreßte Knoblauchzehen,
1 EL Kapern,
1 Bd. gehackter Schnittlauch,
2 Fleischtomaten

Japanischer Reissalat

Salz,
100 g Langkornreis,
25 g getrocknete
chinesische Pilze (Mu Err),
1 kleine Dose
Sojabohnensprossen,
1 kleine Dose
Bambussprossen,
100 g gekochter Schinken,
1 Salatgurke,
5 EL Öl,
5 EL Zitronensaft,
7 EL japanischer Reiswein,
2 EL Sojasauce,
1 Kopfsalat,
1 Zitrone

1/2 l Salzwasser aufkochen. Reis zugeben, in 15 Minuten garen; abschrecken, abtropfen. Pilze zerkleinern, mit kochendem Wasser übergießen, 20 Minuten weichen lassen. Sojabohnen und Bambussprossen abtropfen, trockentupfen, in Streifen schneiden. Schinken in Streifen schneiden. Gurke halbieren, der Länge nach in dünne Scheiben, dann in Streifen schneiden. Pilze abtropfen. Für die Marinade Öl, Zitronensaft, 3 EL Reiswein, Sojasauce und Salz verrühren. Reis, Sojabohnen-, Bambussprossen, Schinken, Gurken und Pilze dazugeben. Mischen, 30 Minuten im Kühlschrank ziehen lassen. Salat zerpflücken, auf eine Platte legen. Reissalat flach darauf anrichten. Zitrone waschen. Beide Enden bis zum Fruchtfleisch abschneiden. Zitrone auf Salat setzen, obere Schnittfläche mit Salz bestreuen. 4 EL Reiswein über einer Kerze anwärmen. Über Zitrone gießen. Anzünden, servieren.

EW	Fett	KH	kcal/J
15 g	18 g	26 g	374/1564

Marokkanischer Sardinen-Reis-Salat

Salz,
150 g Langkornreis,
50 g Erbsen (tiefgekühlt),
2 Dosen Ölsardinen
ohne Haut und Gräten,
2 Paprikaschoten,
2 Essiggurken,
1 kleine Dose Palmenherzen,
3 EL Ölsardinenöl,
3 EL Zitronensaft,
Salz,
weißer Pfeffer,
1 Prise Zucker,
1 Msp. Paprika, edelsüß,
1 Prise getrockneter Majoran,
1 Msp. Safran

3/4 l Salzwasser zum Kochen bringen. Gewaschenen Reis einstreuen, kurz aufkochen, 20 Minuten bei kleiner Hitze garen. Erbsen nach Vorschrift auftauen. Ölsardinenöl auffangen. Paprikaschoten halbieren, waschen, trockentupfen, in Streifen schneiden. Essiggurken fein würfeln. Reis kalt abschrecken, abtropfen und abkühlen. Erbsen abtropfen. Palmenherzen in dünne Scheiben schneiden. Sardinenöl und Zitronensaft mit Salz, Pfeffer, Zucker, Paprika, Majoran und Safran verrühren. Reis, Erbsen, Palmenherzen, Paprikaschoten und Essiggurke hineingeben, mischen. Ölsardinen halbieren, vorsichtig unterheben. 1 Stunde im Kühlschrank ziehen lassen.

EW	Fett	KH	kcal/J
20 g	10 g	11 g	146/1564

Fenchel-Orangen-Salat

Fenchelknollen putzen, das Grün beiseite legen.
Knollen halbieren, in dünne Streifen schneiden.
Orange schälen, dabei weiße Innenhaut sorgfältig
entfernen. Fruchtstücke aus den Trennhäuten lösen,
dabei den Saft auffangen. Orangen- und Zitronensaft
mit Salz, Pfeffer und Zucker mischen, mit Öl verrühren.
Fenchel und Orangenstücke mit der Sauce mischen.
Salat 10 Minuten ziehen lassen.

EW	Fett	KH	kcal/J
3 g	8 g	13 g	134/562

2 mittelgroße
Fenchelknollen,
1 Orange,
Saft von 2 Zitronen,
Salz, weißer Pfeffer,
1 Prise Zucker,
2 EL Weizenkeimöl

TIP Gewaschenes
Fenchelgrün fein hacken und
über den Salat streuen.

Bananensalat Costa Rica

4 Tomaten,
3 Bananen,
Saft von 1 Zitrone,
2 EL Olivenöl,
Salz,
Pfeffer,
Curry,
1/4 Bd. gehackter
Schnittlauch,
etwas Kresse

Tomaten überbrühen, häuten, in Scheiben schneiden. Bananen schälen, in Scheiben schneiden. Mit Zitronensaft beträufeln. Tomaten- und Bananenscheiben schuppenförmig in einer flachen Schale anrichten. Aus Zitronensaft, Olivenöl, Salz, Pfeffer und Curry eine würzige Marinade rühren; darübergießen. Salat mit Schnittlauch bestreuen und mit Kresse garnieren.

EW	Fett	KH	kcal/J
2 g	8 g	22 g	168/701

Apfelsalat pikant

1 Sellerieknolle,
Saft von 1 Zitrone,
3 Äpfel, etwas Zucker,
3 Möhren,
1 Becher Joghurt,
1/8 l süße Sahne,
Salz, Pfeffer, 1 Prise Ingwer

TIP Passende Beilagen sind kalter Braten und frische Brötchen.

Sellerie putzen, 20 Minuten kochen; abkühlen, in Stifte schneiden, mit Zitronensaft beträufeln. Äpfel waschen, vierteln, entkernen in Stückchen schneiden, leicht zuckern. Mit Sellerie mischen. Möhren schälen, fein raspeln, untermengen. Joghurt und Sahne verschlagen, mit Gewürzen abschmecken. Über den Salat geben.

EW	Fett	KH	kcal/J
4 g	12 g	14 g	192/801

Apfelsalat süß

2 Bananen, 2 Äpfel,
Saft von 1 Zitrone,
2 Apfelsinen,
50 g gehackte Walnüsse,
2 EL gehackte
Maraschinokirschen,
Zucker nach Geschmack,
2 cl Calvados

TIP Mit Schlagsahne oder Vanillesauce servieren.

Bananen schälen, in Scheiben schneiden. Äpfel waschen, vierteln, vom Kerngehäuse befreien, in Scheiben schneiden. Bananen und Äpfel mischen, mit Zitronensaft marinieren. Apfelsinen schälen, würfeln, dazugeben. Nüsse und Maraschinokirschen untermengen. Nach Geschmack zuckern, Calvados hinzuschütten. 10 Minuten ziehen lassen und servieren.

EW	Fett	KH	kcal/J
4 g	9 g	59 g	340/1420

Birnensalat mit Brombeeren

Eis würfeln, etwas antauen lassen. Zitronensaft mit Puderzucker, Himbeergeist und Portwein verrühren. Birnen schälen, vierteln, entkernen. Viertel in feine Schnitze schneiden. In die Marinade geben, damit sie nicht braun werden. Pflaumen waschen, abtrocknen, entsteinen und würfeln. Brombeeren kalt abspülen, trockentupfen, entkelchen. Mit den Pflaumen unter den Birnensalat heben, in vier Dessertschalen füllen. Eis mit Sahne cremig rühren, über den Salat verteilen.

150 g Vanilleeiskrem,
Saft von 1 Zitrone,
2 EL Puderzucker,
1 EL Himbeergeist,
1 Schuß weißer Portwein,
2 reife Birnen,
5 große rote Pflaumen,
200 g Brombeeren,
100 ml süße Sahne

EW	Fett	KH	kcal/J
2 g	11 g	28 g	235/984

Apfel-Möhren-Rohkost mit Mandelblättchen

4 kleine Äpfel,
2 EL Zitronensaft,
300 g Möhren,
100 ml Kefir,
Salz,
Pfeffer,
etwas Zucker,
1 Prise Cayennepfeffer oder
2 Tropfen Tabasco,
1 EL gehackte
Sonnenblumenkerne,
1 EL Mandelblättchen

Äpfel schälen, grob raspeln, mit Zitronensaft mischen.
Möhren schälen, raspeln, zu den Äpfeln geben.
Kefir mit Salz, Pfeffer und Zucker verrühren, mit
Cayennepfeffer bzw. Tabasco abschmecken.
Sonnenblumenkerne und Mandelblättchen in einer
Pfanne trocken anrösten, über den Salat streuen.
Dazu das Dressing reichen.

EW	Fett	KH	kcal/J
4 g	4 g	26 g	152/636

Fruchtsalat Garda

250 g blaue Weintrauben,
3 säuerliche Äpfel,
5 eingelegte grüne Mandeln,
1/2 Päckchen Vanillinzucker,
3 EL Zucker,
Saft von 1 Zitrone,
4 cl Weinbrand

Weintrauben waschen. Beeren von den Stielen zupfen,
auf einem Sieb abtropfen, halbieren, entkernen.
Äpfel schälen, vierteln, entkernen, in feine Scheiben
schneiden. Grüne Mandeln in feine Scheiben
schneiden. Früchte in einer Schüssel mischen.
Vanillinzucker und Zucker mischen. Über den Salat
streuen. Mit Zitronensaft und Weinbrand begießen.
Mischen und 1 Stunde ziehen lassen.

EW	Fett	KH	kcal/J
1 g	3 g	32 g	167/699

Bahiasalat

4 Blutorangen,
3 Bananen,
3 EL Zucker,
4 EL Kokosraspeln,
Saft von 1 1/2 Zitronen

Blutorangen schälen und filetieren. Bananen schälen,
in Scheiben schneiden. Mit Zucker und Kokosraspeln
lagenweise in eine Schale schichten.
Mit Zitronensaft beträufeln. Durchziehen lassen.

EW	Fett	KH	kcal/J
5 g	3 g	80 g	366/1526

Apfel-Trauben-Salat

itronensaft mit Wein und Zucker unter Rühren
rwärmen, bis der Zucker sich löst. Dabei nicht kochen.
om Feuer nehmen, abkühlen, Calvados oder
rmagnac unterrühren. Gewaschene, entkernte und
erkleinerte Früchte in die Marinade geben, locker
ntermengen, 15 Minuten zugedeckt ziehen lassen.
)abei umrühren. Blättchen der Zitronenmelisse mit
'inienkernen unter den Salat heben.

Saft von 1 Zitrone,
4 EL Weißwein,
2 EL Zucker,
3 EL Calvados oder
Armagnac,
200 g blaue Weintrauben,
200 g helle Weintrauben,
2 säuerliche Äpfel
(z.B. Boscop),
2 Zweige Zitronenmelisse,
3 EL Pinienkerne

:W	Fett	KH	kcal/J
? g	7 g	34 g	247/1033

Obstsalat moderne Art

100 g Weintrauben (blaue
und grüne),
100 g Erdbeeren,
100 g Kirschen,
1 Orange, 1 Mango,
2 frische Feigen,
2 Pfirsiche,
10 frische Datteln, 1 Apfel,
2 Zitronen,
50 g Puderzucker,
2 EL Orangenlikör

TIP Fügen Sie noch einige
Cranberries (supergroße
amerikanische
Preiselbeeren) und ein paar
Melonenkugeln hinzu.

Weintrauben, Erdbeeren und Kirschen waschen.
Weintrauben halbieren, entkernen. Erdbeeren
entkelchen. Orange und Mango schälen. Orangenfilets
von den Trennhäutchen befreien, Mango in dünnen
Scheiben vom Kern lösen. Feigen und Pfirsiche
waschen, abtrocknen. Feigen vierteln, Pfirsiche in
dünne Schnitze teilen. Datteln entkernen. Apfel
schälen, entkernen, in dünne Scheiben teilen.
Alles dekorativ auf vier Tellern anrichten.
Zitronen halbieren, von jeder Hälfte eine dünne
Scheibe abschneiden. Zitronen auspressen, Saft mit
Puderzucker verrühren. Mit Orangenlikör mischen, über
den Salat träufeln. Mit Zitronenscheiben garnieren.

EW	Fett	KH	kcal/J
3 g	1 g	69 g	315/1318

Gepfefferte Früchte

Kumquats waschen, abtrocknen, quer halbieren. Wein mit Ahornsirup aufkochen, Kumquats und Pfefferkörner zugeben; aufkochen, 5 Minuten ziehen lassen. Nektarinen häuten, halbieren; entkernen, Fruchtfleisch in Schnitze teilen. Pflaumen waschen, entkernen, in Stücke schneiden. Mango waschen, Fruchtfleisch vom Kern lösen, in Scheiben schneiden. Erdbeeren entstielen, trockentupfen. Kopfsalatherzen waschen. Früchte mit Kumquats und Weinsud mischen, in vier Schalen verteilen. Salatherzen halbieren, auf den

100 g Kumquats,
1/4 l trockener Weißwein,
2 EL Ahornsirup,
1 TL eingelegte grüne
Pfefferkörner,
2 Nektarinen,
2 gelbe Pflaumen,
1 Mango,
200 g Erdbeeren,
2 Kopfsalatherzen,

1/8 l süße Sahne,
1 TL Anislikör,
1 Msp. Cayennepfeffer

Früchten anrichten. Sahne mit Zucker steif schlagen.
Anislikör und Cayennepfeffer unterziehen.
Früchte mit Sahne garnieren.

EW	Fett	KH	kcal/J
2 g	10 g	27 g	248/1036

Obstsalat mit Rum-Eier-Sauce

200 g kernlose Weintrauben,
1 Banane,
300 g säuerliche Äpfel,
100 g Walnußkerne,
3 Eigelb,
1 Eiweiß,
80 g Zucker,
3 EL Rum

Früchte putzen, grob würfeln. Walnußkerne hacken.
Obst und Nüsse in einer Schüssel mischen, zugedeckt
in den Kühlschrank stellen.
Eigelb und Eiweiß mit dem Schneebesen schaumig
schlagen. Nach und nach unter ständigem Schlagen
Zucker dazugeben. Kräftig weiterschlagen, bis die
Sauce dickflüssig wird. (Mit dem Mixer können Eier und
Zucker auf Stufe 3 auf einmal verrührt werden.) Zuletzt
Rum darunterziehen.
Obstsalat und Rum-Eier-Sauce getrennt servieren.

EW	Fett	KH	kcal/J
10 g	26 g	47 g	477/1997

Grapefruitsalat

200 g Schinken,
2 Äpfel,
2 Grapefruits,
4 Scheiben Ananas (Dose),
100 g Champignonköpfe,
3 Tomaten,
8 gefüllte grüne Oliven,
3 EL Öl,
2 EL Zitronensaft,
Salz,
Pfeffer,
1 Prise Zucker,
2 EL gehackte Haselnüsse

Schinkenfett entfernen. Schinken in Streifen schneiden.
Äpfel schälen, entkernen, in feine Scheiben schneiden.
Grapefruits halbieren, Fruchtfleisch herauslösen;
Schnitze teilen, diese halbieren. Ananas abtropfen,
daumengroße Stücke schneiden. Champignonköpfe
abtropfen, Tomaten überbrühen, häuten, vierteln. Alle
Zutaten mit den Oliven mischen. Für die Marinade Öl,
Zitronensaft, Salz, Pfeffer und Zucker verrühren. Alles
mischen. 15 Minuten zugedeckt im Kühlschrank ziehen
lassen. Mit gehackten Haselnüssen bestreut servieren.

EW	Fett	KH	kcal/J
12 g	30 g	31 g	437/1826

REGISTER

REGISTER